Die Originalausgabe dieses
Buches ist unter dem Titel
»Leilas Guldkant på Vardagen« 2006
bei Natur och Kultur, Stockholm,
erschienen. © 2006 Nygren och Nygren AB,
David Loftus Ltd. und Natur och Kultur.

© 2010
AT Verlag, Aarau und München
Rezepte, Texte und Foodstyling: Leila Lindholm
Grafische Gestaltung: Mikael Engblom
Fotos: David Loftus, www.davidloftus.com
Produktionsassistenz: Sonja Chatti
Kochassistenz: Fredrik Dameron
Fotoassistenz: Rosie Scott
Retusche und Repro: bsmart ab
Druck und Bindearbeiten: Offizin Andersen Nexö, Leipzig
Printed in Germany

ISBN 978-3-03800-506-3

www.at-verlag.ch

Leila Lindholm

Kochen mit *Leila*

So wird jeder Tag zum Fest

AT Verlag

Inhalt

13 Brunch
    Das extralange Frühstück

31 Bellissimo
    Italienische Spezialitäten – buon appetito!

49 Klassiker
    Zeitlose Rezepte mit neuem Pfiff

67 Viet-nam-nam
    Leckere, asiatische Kleinigkeiten

82 Kitchen-Kitsch
    Amerikanische Rezepte voller Überraschungen

98 Grillvergnügen
    Neue Kreationen vom Grillrost

119 Cocktail de luxe
    Meine besten Partytipps

135 Essbare Geschenke
    Überraschungseier für Erwachsene

157 Rezeptverzeichnis

Küchengeheimnisse

Gutes Essen bedeutet für mich Lebensqualität, und aus diesem Grund mache ich den grauen Alltag gerne zum Fest!

Es ist so leicht, aus ein paar einfachen Zutaten ein richtig tolles Essen zu zaubern. Natürlich müssen die Zutaten hochwertig sein, denn gute Qualität bedeutet auch guter Geschmack. Kaufen Sie Obst und Gemüse immer frisch, vollreif und möglichst saisongerecht ein. Tiefkühlware sollte die Ausnahme bleiben. Bei Fisch, Fleisch und Käse ist eine hohe Qualität besonders wichtig. Erlauben Sie sich ruhig, vor dem Kauf an den Produkten zu riechen, sie genau zu betrachten und zu befühlen.

Für Freunde zu kochen, muss wirklich nicht mit viel Aufwand verbunden sein. Ich mag es, beim Kochen pfiffige Abkürzungen und bisher unentdeckte »Schleichwege« aufzuspüren, und es macht mir sogar Spaß, in der Küche ein bisschen zu tricksen. Zudem bin ich überzeugt, dass oft gerade das Einfache das Geniale ist.

Am liebsten sind mir Rezepte, die leicht verständlich und problemlos zuzubereiten sind, auch für Menschen mit wenig Kocherfahrung. Am inspirierendsten finde ich ganz einfache Rezepte, die man sich sofort merken kann, ohne sich etwas zu notieren.

Die meisten meiner Rezepte haben eine eigene Geschichte, und viele von ihnen habe ich in aufregenden Großstädten oder an exotischen Orten entdeckt. Auf Reisen sammle ich Eindrücke und bekomme neue Ideen. Ich liebe es, ungewöhnliche und unerwartete Geschmackerlebnisse zu schaffen und lasse meiner Kreativität freien Lauf, wenn ich andere bekoche.

Es freut mich immer unheimlich, wenn Freunde, die nie zuvor einen Fuß in die Küche gesetzt haben, eines meiner Rezepte aus-

probieren. Eine meiner Freundinnen zum Beispiel, die früher nie gekocht hat, hat sich plötzlich durch mein halbes Kochbuch gearbeitet und ist inzwischen eine begeisterte Hobbyköchin. Wenn man sich erst einmal traut, ein Rezept auszuprobieren, und es dann auch noch klappt, macht Kochen mit einem Mal Spaß. Meine Rezepte richten sich aber an alle, vom Kocheinsteiger bis zur versierten Hobbyköchin.

Für andere zu kochen soll Freude machen und unkompliziert sein. Daher habe ich ein paar echte Blitzrezepte für Sie entwickelt, die perfekt sind, wenn es mal schnell gehen muss. Am liebsten treffe ich meine Freunde bei einem leckeren Essen und einem guten Glas Wein. Spontane Einladungen sind immer am schönsten, und daher habe ich in diesem Buch Rezepte für jede Gelegenheit zusammengestellt. Es sind alles Lieblingsrezepte von mir, mit denen ich bereits Freunde, Nachbarn oder meine Familie verwöhnt habe.

Zur guten Stimmung trägt aber nicht nur das Essen, sondern die gesamte Atmosphäre bei. Dazu habe ich ein paar ausgezeichnete Tipps für Sie, mit denen Sie einem Abend das gewisse Etwas verleihen können: Schälchen mit Olivenöl und Balsamicoessig, in die man das Brot tunken kann, oder eine zylinderförmige Vase als ungewöhnlicher Bierkühler genügen schon. Außerdem habe ich mir ein paar besondere Ideen für Tischkärtchen ausgedacht, die perfekt für einen Brunch, eine Hochzeit oder ein Gartenfest passen. Ich selbst gehe gerne auf Feste, die gut durchdacht sind und alle Sinne ansprechen. Eine hübsche Einladung per Post ist schon ein toller Einstieg. Das wirkt sehr persönlich, und man freut sich umso mehr auf das Ereignis.

Und da man natürlich nicht mit leeren Händen beim Gastgeber erscheinen kann, stelle ich im Kapitel »Essbare Geschenke« meine besten Gastgeschenke vor – es ist nämlich gar nicht schwierig, kleine »Überraschungseier für Erwachsene« zu kreieren. Wer freut sich nicht über liebevoll verpackte Mitbringsel in Form von hübschen Honiggläsern, erlesener Schokolade oder selbst gebackenen Keksen? Ich hoffe, Sie freuen sich auch!

Seid umarmt von Leila

1: Brunch

Ich liebe Frühstück. Auf Reisen setze ich mich gern in ein gemütliches Café und koste die lokalen Spezialitäten. Unvergessliche Erlebnisse hatte ich in einem toskanischen Straßencafé in Siena und im »Le Pain Quotidien«, meinem Lieblingscafé in Paris. Auch in den legendären New Yorker Coffee-Shops machte ich mich auf die Suche nach den besten Brunch-Ideen. Meine gesammelten Eindrücke finden Sie im folgenden Kapitel – bleibt mir nur noch, Ihnen ein ganz, ganz langes, wunderbares Frühstück zu wünschen …

Bunter Brunch-Teller – superschnell angerichtet

FÜR 2 PERSONEN

50 g Räucherlachs
50 g luftgetrockneter Schinken
50 g würzige Salami
125 g Büffelmozzarella
1 Stück Brie
1 EL flüssiger Honig
2 frische Feigen, in Stücke zerteilt
1 Handvoll Walnusshälften
1 Beutel gemischter Salat
hochwertiges Olivenöl extravergine
Balsamicoessig
Meersalz, schwarzer Pfeffer aus der Mühle

1. Lachs, Schinken, Salami und Mozzarella dem Rand entlang auf einem großen Teller verteilen.
2. Den Brie mit dem Honig beträufeln und mit Feigen und Walnüssen bestreuen.
3. Den Salat in die Tellermitte geben. Mit etwas Olivenöl und Balsamicoessig beträufeln und mit Salz und Pfeffer würzen.

Leilas Tipp: Dieser herrliche, im Handumdrehen zusammengestellte Teller voller Leckerbissen ist perfekt, wenn man wenig Zeit hat, aber trotzdem gut essen möchte. Die Zutaten variiere ich immer – je nachdem, was ich gerade Gutes im Angebot finde. Welche Käse- oder Fleischsorten Sie wählen, ist natürlich Geschmackssache.

Zitronengras-Eistee

FÜR 1 KARAFFE

3 Stängel Zitronengras
3 EL Honig
1 l heißer Tee
Saft von 1 Zitrone
Eiswürfel

1. Das Zitronengras in Stücke schneiden und zerquetschen. Mit dem Honig zum heißen Tee geben.
2. Den Tee abkühlen lassen und abseihen.
3. Den Zitronensaft hinzufügen und den Tee im Kühlschrank erkalten lassen.
4. Den kalten Tee mit Eiswürfeln in eine Karaffe füllen.

Beerige Eiswürfel: **Verschiedene frische Sommerbeeren und Blättchen frischer Minze in eine Eiswürfelform verteilen, mit Wasser bedecken und einfrieren. Das sieht im Eistee nicht nur wunderschön aus, es schmeckt auch umwerfend. Toll wirken die Eiswürfel auch in alkoholischen Getränken.**

Griechischer Joghurt mit Honig

FÜR 6 PERSONEN

600 g griechischer Joghurt
6 EL flüssiger Honig
1 Handvoll tiefgekühlte Brombeeren
1 Handvoll ungesalzene Pistazien, grob gehackt

1. Den Joghurt in 6 Serviergläser verteilen.
2. Jeweils etwas Honig daraufgeben und mit Brombeeren und Pistazien krönen.

Französischer Salat mit paniertem Ziegenkäse

FÜR 6 PERSONEN

2 Eier
60 g Weizenmehl
4 Scheiben Weißbrot
200 g frische grüne Bohnen
6 Scheiben Ziegenkäse
100 g zarte, junge Spinatblätter
100 g Walnüsse
1 Handvoll grüne Oliven

DRESSING

2 EL Dijonsenf
1 EL Rotweinessig
1 EL flüssiger Honig
Meersalz, schwarzer Pfeffer aus der Mühle
100 ml hochwertiges Olivenöl extravergine

1. Die Eier in einem tiefen Teller verquirlen, das Mehl in einen zweiten tiefen Teller geben.
2. Das Brot in der Küchenmaschine zu feinen Bröseln zerkleinern und in einen dritten Teller geben.
3. Die Bohnen in gut gesalzenem Wasser garen. Abgießen und sofort kalt abschrecken.
4. Für das Dressing Senf, Essig, Honig und Gewürze in einer Schüssel mischen, dann das Öl in einem feinen Strahl unter ständigem Rühren daruntermischen.
5. Die Ziegenkäsescheiben zunächst im Mehl, dann im Ei und schließlich in den Semmelbröseln wenden.
6. Olivenöl in einer Pfanne erhitzen und die panierten Käsescheiben darin beidseitig goldbraun braten.
7. Inzwischen Spinat und Bohnen mischen, mit etwas Dressing mischen und auf 6 Teller verteilen.
8. Je 1 warme Käsescheibe auf den Salat geben und mit Walnüssen und Oliven garnieren. Sofort servieren.

Mango-Bellini

FÜR 2 GLÄSER

¼ vollreife Mango
2 EL Zucker
30 cl Schaumwein

1. Die Mango schälen, das Fruchtfleisch vom Stein schneiden und würfeln.
2. Mango und Zucker mit einem Pürierstab fein pürieren.
3. Das Püree auf die Gläser verteilen, mit Sekt auffüllen und umrühren.

Thunfisch-Burger

FÜR 4 PERSONEN

600 g frischer Thunfisch
3 Frühlingszwiebeln
1 Bund frischer Koriander
1 milde rote Chili
1 EL süße Chilisauce
2 TL Fischsauce
Meersalz, schwarzer Pfeffer aus der Mühle
hochwertiges Olivenöl extravergine
4 helle Brötchen mit Sesam
4 EL Mayonnaise
ein paar Salatherzenblätter
2 Tomaten, in Scheiben geschnitten

1. Den Thunfisch in der Küchenmaschine oder im Cutter fein hacken.
2. Die Frühlingszwiebeln in feine Ringe schneiden, Koriander und Chili fein hacken und alles unter den gehackten Thunfisch mischen.
3. Die Masse mit Chilisauce, Fischsauce, Salz und Pfeffer abschmecken.
4. Aus der Masse 4 Burger formen, mit etwas Olivenöl einreiben und in einer sehr hoch erhitzten Grillpfanne grillen.
5. Die Brötchen aufschneiden. Die Schnittflächen mit etwas Olivenöl bestreichen und mit Salz bestreuen, dann ebenfalls grillen. Die gegrillten Brötchen mit etwas Mayonnaise bestreichen, mit Salat, Tomaten und dem Burger belegen und sofort servieren.

Leilas Tipp: *Beim Grillen in einer Grillpfanne das Öl niemals direkt in die Pfanne geben – sonst kann es schon mal passieren, dass der Rauchmelder anspringt! Stattdessen das Gargut mit Öl bestreichen, so erhalten Sie auch ein schönes Grillmuster. Ich verwende immer eine gusseiserne Grillpfanne. Wer will, kann diesen Burger übrigens auch mit Lachs zubereiten.*

Leilas Tipp: Wenn ich zum Frühstück einlade, kaufe ich immer hochwertige Marmeladen, Schokocreme und Honig und fülle sie in hübsche Einmachgläser. So sehen sie besonders appetitlich aus und wirken wie selbst gemacht. Was der Gast nicht weiß …
Immer heiß begehrt auf dem Frühstückstisch: Nuss-Nougat-Creme (Nutella), Orangenmarmelade, Feigenmarmelade, fein-aromatischer Honig, Erdnussbutter, Doppelrahmfrischkäse, Erdbeermarmelade und Lemon Curd (englischer Zitronenaufstrich).

Das Frühstück ist für mich die wichtigste Mahlzeit des Tages, denn ich wache immer mit großem Appetit auf.

In Paris habe ich ein Lieblingscafé, das ich immer wieder besuche – ohne eine Stippvisite im »Le Pain Quotidien« ist ein Paris-Aufenthalt für mich einfach nicht komplett. Dort bekommt man das wundervollste Frühstück und den weltbesten Brunch. Am Wochenende stehen die Leute sogar bis auf die Straße Schlange.

Wenn die Sehnsucht nach diesem Café zu groß wird, lade ich ein paar Freunde ein und verwöhne mich und sie mit einem ganz langen Frühstück. Wir sitzen dann stundenlang am Tisch, schwelgen in den köstlichsten Leckereien und trinken massenweise Kaffee, Tee und heiße Schokolade. Ein paar der Rezepte aus diesem Kapitel sind von meinem Lieblingscafé inspiriert.

Brot liebe ich in jeder Form. Im »Le Pain Quotidien« bekommt man zum Frühstück einen kleinen Korb Brot und dazu leckeres Zubehör in Form von Marmelade, verschiedenen Sorten Schokocreme, französischem Biohonig und Zitronencreme, die man so dick auf sein Brot schmieren kann, wie man will. Alle Marmeladen und Schokocremes sind dort hausgemacht. Wenn ich zum Frühstück einlade, kaufe ich alles fertig ein und fülle es dann in hübsche Einmachgläser. In diesem Fall finde ich es ganz in Ordnung, ein bisschen zu flunkern.

Zum Brunch serviert man im »Le Pain Quotidien« einen Teller voller Delikatessen, den man auch ganz schnell selbst zusammenstellen kann. Er verströmt einen Hauch von Luxus und ist perfekt, wenn man viele Gäste bewirten muss. Ich nehme dazu immer meine größte Servierplatte, von der sich dann alle bedienen können. Außerdem gehört dazu ein Gläschen dicker, cremiger Biojoghurt, guter Honig und Nüsse. Beide Varianten sind besonders bei Zeitmangel ideal.

Sehr gerne tische ich dazu auch meine leckeren englischen Schokoladen-Scones mit Himbeeren auf. Frisch gebackenes, noch ofenwarmes Brot ist einfach unschlagbar, und diese Köstlichkeit ist im Handumdrehen fertig. Meine Freunde lieben diese Scones – sie sind einfach ein Muss, wenn man Frühstücksgäste glücklich machen will.

Englische Schokoladen-Scones mit Himbeeren

ERGIBT 8 SCONES

480 g Weizenmehl
½ TL Salz
1½ TL Backpulver
40 g brauner Zucker
125 g kalte Butter
1 Ei
200 ml Milch
100 g Zartbitterschokolade (70 %)
150 g tiefgekühlte Himbeeren
verquirltes Ei zum Bestreichen und brauner Zucker zum Bestreuen

1. Den Backofen auf 250 Grad vorheizen.
2. Mehl, Salz, Backpulver und Zucker in einer Rührschüssel mischen.
3. Die Butter würfeln und mit den Fingern unter die trockenen Zutaten reiben.
4. Ei und Milch verquirlen und die Schokolade grob hacken. Beides unter die trockenen Teigzutaten mischen und rasch zu einem Teig zusammenfügen.
5. Dann behutsam die gefrorenen Himbeeren darunterheben, ohne sie zu zerdrücken.
6. Den Teig auf einer bemehlten Arbeitsfläche etwa 3 cm dick ausrollen und mit einem runden Ausstecher (ca. 6 cm Durchmesser) 8 Rondellen ausstechen.
7. Die Scones auf ein mit Backpapier belegtes Blech setzen, mit Ei bestreichen und mit Zucker bestreuen.
8. In der Mitte des vorgeheizten Ofens etwa 10 Minuten goldbraun backen.

Leilas Tipp: In England serviert man Scones mit Schlagsahne und einer roten Marmelade zum Tee. Ich finde, dass Doppelrahmfrischkäse auch ganz wunderbar dazu schmeckt. In meinem Sconesrezept müssen die Himbeeren auf jeden Fall gefroren unter den Teig gehoben werden, damit sie nicht zerquetscht werden.
Dieses Rezept kann man unendlich variieren. Einfach das Grundrezept zur Hand nehmen, der Fantasie freien Lauf lassen und zum Beispiel getrocknete Früchte, Blauschimmelkäse, Banane, weiße Schokolade oder andere Beeren hinzufügen.

Heiße Schokolade mit Kardamom

FÜR 1 GROSSE TASSE

1 EL ungesüßtes Kakaopulver
2 EL heller Muskovadozucker
½ TL schwarze Kardamomkerne
300 ml Milch
50 ml Schlagrahm

1. Kakaopulver und Muskovadozucker in einer großen Tasse mischen.
2. Die Kardamomkerne in einem Mörser zerstoßen und zusammen mit der Milch aufkochen.
3. Etwas von der heißen Milch in die Tasse geben und glatt rühren.
4. Die restliche Milch dazugießen, umrühren, und alles mit leicht geschlagenem Rahm und etwas Muskovadozucker krönen.

Leilas Tipp: Superlecker wird die Schokolade auch mit einem Schuss braunem Rum. Und hier noch ein toller Picknicktipp: Ungeschlagenen Rahm in ein Schraubglas abfüllen und dann vor Ort kräftig schütteln. Simsalabim – fertig ist der leicht geschlagene Rahm.

Ricotta-Pfannkuchen mit Banane und Ahornsirup

FÜR 8 PERSONEN

3 Eier
250 g Ricotta
250 ml Milch
150 g Weizenmehl
1 TL Backpulver
1 Prise Salz
2 Bananen
Ahornsirup und frische Beeren
  zum Servieren

1. Die Eier trennen.
2. Ricotta, Milch und die Eigelbe in einer Schüssel verquirlen.
3. Mehl, Backpulver und Salz mischen und unter die Ricottamasse rühren.
4. Die Eiweiße zu luftigem Schnee schlagen und behutsam unter den Teig heben.
5. Die Bananen in Scheiben schneiden und unter den Teig heben.
6. Bei mittlerer Temperatur Butter in einer kleinen Pfanne erhitzen und den Teig darin zu goldbraunen Pfannkuchen ausbacken.
7. Die Pfannkuchen mit Ahornsirup und frischen Beeren servieren.

Leilas Tipp: Mit Schleifenband zusammengebundene und mit Namensschildchen versehene Grissini sind ganz bezaubernde »Tischkärtchen«.

2: Bellissimo

Ich liebe die italienische Küche und hatte in Italien schon unbeschreibliche Geschmackserlebnisse. Die Italiener sind beim Essen sehr qualitätsbewusst, und an fast jeder Ecke werden wunderbare Speisen serviert. Ich bin durch das Land gestreift und habe verschiedene kleine Lokale ausprobiert. Jedes Mal hatte ich meine Digitalkamera dabei und habe das Essen fotografiert. Die Kellner haben mich deshalb oft verwundert angeschaut und mich gefragt, was das soll. Diese Fotos helfen meiner Erinnerung einfach auf die Sprünge beim Kreieren von neuen, italienisch inspirierten Gerichten. Bellissimo!

Milchbrötchen-Bruschetta mit frischen Beeren

FÜR 4 PERSONEN

2 Milchbrötchen oder 4 dicke Scheiben Brioche
2 EL weiche Butter
100 ml Rahm
100 g griechischer Joghurt
50 g Marzipanrohmasse
150 g gemischte frische Beeren
frische Basilikumblätter

1. Die Brötchen aufschneiden.
2. Die Scheiben auf der Schnittseite oder die Brioches auf einer Seite mit Butter bestreichen und in einer Pfanne goldbraun rösten.
3. Den Rahm steif schlagen und mit dem Joghurt verrühren.
4. Das Marzipan reiben und behutsam unter den Rahmjoghurt heben.
5. Die Brötchenhälften mit etwas Rahmjoghurt bestreichen und mit frischen Beeren und Basilikumblättern krönen.

Prosecco-Aperitif

FÜR 2 GLÄSER

2 EL Himbeersorbet
30 cl Prosecco

1. Das Sorbet mit ⅓ des Proseccos pürieren oder mixen.
2. Auf 2 Sektgläser verteilen und mit dem restlichen Prosecco aufgießen.

Leilas Tipp: Prosecco, dieser trockene italienische Schaumwein aus der Proseccotraube, wird oft als Aperitif getrunken. Ich habe meine eigene Variante mit Himbeersorbet kreiert – unglaublich erfrischend vor einem sommerlichen Menü.

Toskanische Nusspasta

FÜR 4 PERSONEN

400 g Linguine

SAUCE

50 g Pinienkerne
150 g Walnüsse
2 EL Semmelbrösel
1 Knoblauchzehe
2 EL hochwertiges Olivenöl extravergine
Meersalz, schwarzer Pfeffer aus der Mühle
250 ml Milch oder Rahm

50 g geriebener Pecorino
Walnüsse, grob zerstoßen, als Garnitur

1. Die Pasta in kochendem, gesalzenem Wasser bissfest garen.
2. Die Pinienkerne in einer trockenen Pfanne goldbraun rösten.
3. Pinienkerne, Walnüsse, Semmelbrösel, Knoblauch, Olivenöl, Salz und Pfeffer in der Küchenmaschine oder im Cutter fein zerkleinern.
4. Milch oder Rahm aufkochen und mit der Nussmasse mischen.
5. Die Nusssauce unter die abgegossene, abgetropfte Pasta rühren.
6. Mit geriebenem Pecorino bestreuen, mit Walnüssen garnieren und sofort servieren.

Leilas Tipp: *Mit Rahm wird die Sauce cremiger und auch aromatischer, da Fett ein natürlicher Geschmacksverstärker ist. Ich verwende meist eine fettreduzierte Variante mit nur 5 Prozent Fett. Damit wird es ganz wunderbar!*

Hausgemachte Pizza mit Feigen

ERGIBT 4 GROSSE PIZZEN

1 Rezeptmenge Pizzateig (siehe Seite 38)
200 ml passierte Tomaten
300 g frischer Ziegenkäse, zerbröckelt
4 frische Feigen, in Scheiben geschnitten
250 g Mozzarella, in Scheiben geschnitten
100 g Rohschinken
4 Knoblauchzehen
1 milde rote Chili, entkernt
2 frische Rosmarinzweige
hochwertiges Olivenöl extravergine
Meersalz, schwarzer Pfeffer aus der Mühle
1 Bund frischer Rucola
ein paar Tropfen Trüffelöl

1. Den Backofen auf 200 Grad vorheizen.
2. Den Teig in 4 Portionen teilen, ausrollen und auf mit Backpapier belegte Bleche legen. Dünn mit den passierten Tomaten bestreichen.
3. Mit Ziegenkäse bestreuen, dann mit Feigen, Mozzarella und Rohschinken belegen.
4. Knoblauch und Chili in Scheiben schneiden und den Rosmarin hacken. Über die Pizzen streuen, mit etwas Olivenöl beträufeln und leicht mit Salz und Pfeffer würzen.
5. Die Pizzen im vorgeheizten Ofen goldbraun backen, herausnehmen und mit Rucola bestreuen. Zuletzt mit etwas Trüffelöl beträufeln und sofort servieren.

Leilas Pizzatipp: Mit einem Pizzastein lässt sich eine Steinofenpizza auch selbst machen. Erhältlich ist er in jedem Haushaltswarenladen. Der Stein muss zunächst etwa 1 Stunde im Backofen vorgeheizt werden, dann wird die Pizza auf dem Stein gebacken. Auch Brot kann man auf einem Pizzastein backen.
Diese Pizza nur vorsichtig salzen, da sowohl Rohschinken als auch Ziegenkäse bereits recht salzig sind.
Falls der Rucola leicht welk ist, eine Weile in Eiswasser legen – so wird er wieder schön knackig. Zum Trocknen des Rucolas verwende ich immer eine Salatschleuder.
Wer keine Lust hat, Pizzateig selbst zu machen, kann in der Pizzeria um die Ecke nach Teig fragen. Alternativ Pizzateig aus der Kühltheke verwenden.

Pizzateig

FÜR 4 GROSSE PIZZEN

50 g frische Hefe
2 TL Zucker
1 TL Meersalz
50 ml hochwertiges Olivenöl extravergine
300 ml lauwarmes Wasser
420–550 g Weizenmehl Type 550

1. Hefe, Zucker, Salz, Öl und Wasser in einer Rührschüssel mischen.
2. Nach und nach das Mehl darunterarbeiten, bis ein fester, elastischer Teig entstanden ist. Das verbliebene Mehl zum Ausrollen verwenden.
3. Den Teig in der Schüssel mit einem Küchentuch bedeckt etwa 25 Minuten gehen lassen.
4. Dann den Teig vierteln und jedes Stück auf einer bemehlten Arbeitsfläche ausrollen.

Leilas Tipp: Wenn ich eine Party veranstalte, verwende ich immer meine großen, zylinderförmigen Vasen als Bierkühler. Ich fülle sie einfach mit Eiswürfeln, Wasser und Bierflaschen. Das sieht wunderschön aus und ist eine etwas andere Art, Bier zu servieren.

Gnocchi all'arrabbiata mit Riesengarnelen

FÜR 6 PERSONEN

800 g ungeschälte Riesengarnelen
1 milde rote Chili
2 Knoblauchzehen
1 Bund frische Petersilie
abgeriebene Schale von 1 Zitrone
1 kg frische Gnocchi (aus der Kühltheke)
30 g Butter
Meersalz, schwarzer Pfeffer aus der Mühle
1 EL Zucker
250 g Kirschtomaten, halbiert
Pecorino, gerieben

1. Die Riesengarnelen aus der Schale lösen, Schwanz und Kopf jedoch intakt lassen.
2. Chili, Knoblauch und Petersilie fein hacken. Alles zusammen mit der abgeriebenen Zitronenschale mischen und auf zwei Schalen verteilen.
3. Die Gnocchi in gut gesalzenem Wasser etwa 1 Minute garen, dann abgießen.
4. Zwei beschichtete Pfannen erhitzen und jeweils die Hälfte der Butter darin schmelzen.
5. Die Gnocchi und den Inhalt der einen Schale in eine Pfanne geben und mit Salz und Pfeffer abschmecken.
6. Die Garnelen kurz in der zweiten Pfanne anbraten, dann den Inhalt der zweiten Schale hinzufügen und mit Zucker, Salz und Pfeffer abschmecken.
7. Die Gnocchi in eine große Servierschüssel füllen und die Garnelen darauf anrichten.
8. Mit den Kirschtomatenhälften garnieren und mit frisch geriebenem Pecorino bestreuen.

Leilas Tipp: Bevor Sie Chili zu einem Gericht geben, sollten Sie sie vorsichtig probieren, um herauszufinden, wie scharf sie ist. So vermeiden Sie zu viel Schärfe im Essen. Auf jeden Fall die Kerne und die hellen Scheidewände im Innern der Schoten entfernen, denn in diesen steckt am meisten Schärfe. Die Schärfe der Chili erhöht übrigens die Körpertemperatur und damit auch den Stoffwechsel.

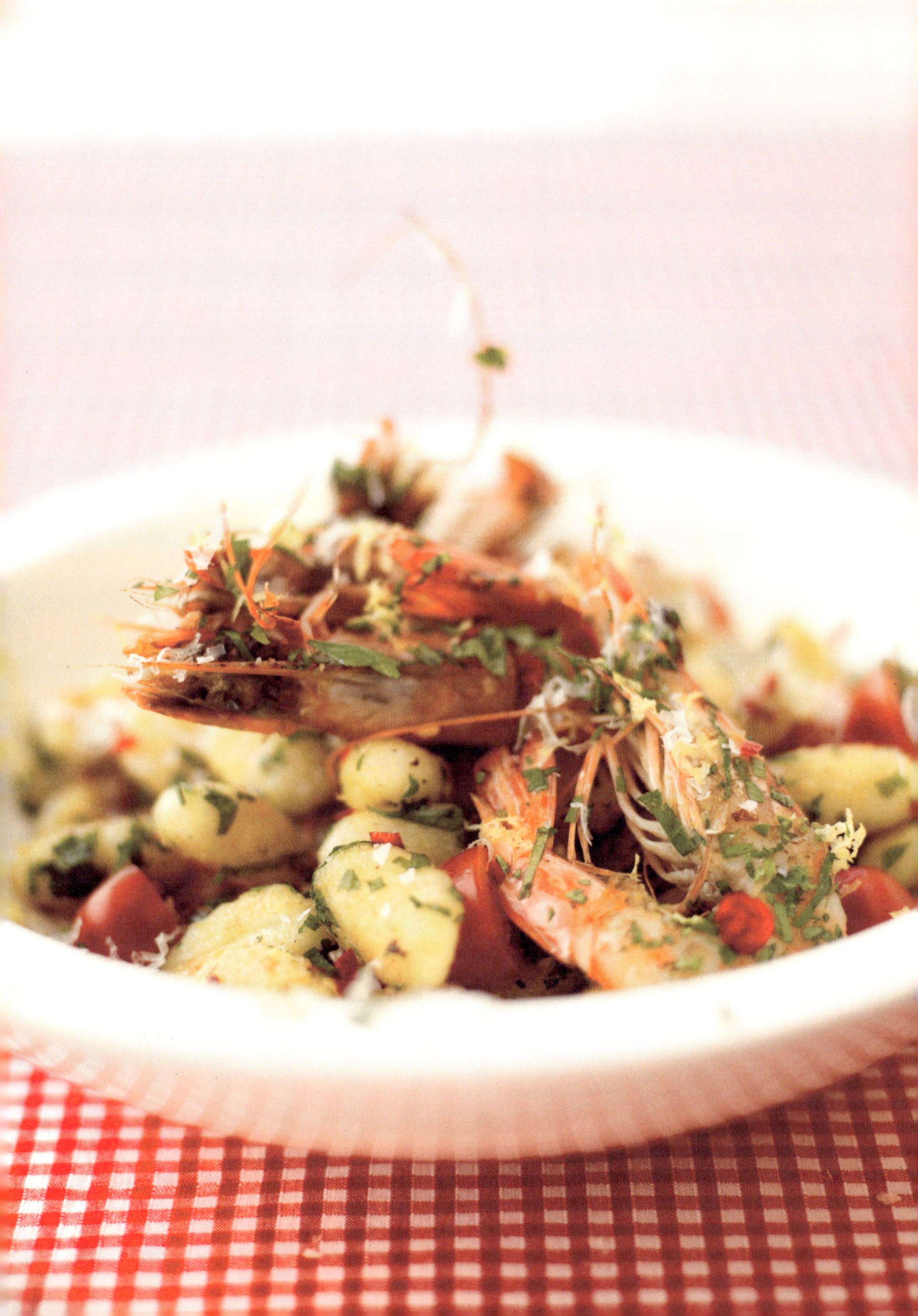

Brottipp: Geben Sie Olivenöl und Balsamicoessig in einen tiefen Teller, würzen Sie mit ein wenig Meersalz und frisch gemahlenem schwarzem Pfeffer und dekorieren Sie ihn nach Belieben mit einer grünen Olive. Den Teller stellen Sie zum Eintunken für das Brot auf den Tisch. Es kann so einfach sein, einem leckeren Menü noch ein i-Tüpfchen aufzusetzen.

Ich liebe Urlaub in Italien. Meiner Meinung nach kann man das Land und seine Esskultur am besten in Agriturismo-Betrieben, also bei Ferien auf dem Bauernhof, kennen lernen. Viele dieser Höfe und Anwesen bieten nämlich Gästezimmer an und produzieren daneben oft auch eigenen Wein und eigenes Olivenöl.

Als ich mit meinen Freunden mit dem Auto durch die Toskana reiste, waren wir so als »Agrituristen« unterwegs und haben meist ausgesprochen gut gegessen. Ein Geschmackserlebnis hat sich mir dabei ganz besonders eingeprägt. Wir hatten Zimmer in einem Bauernhof gebucht, machten auf dem Weg dorthin aber einen Halt, um in einer heißen Quelle mit Wasserfall zu baden. Da sich unser Badevergnügen ziemlich in die Länge zog, rief uns der Herbergsvater besorgt an und fragte, ob wir uns verfahren hätten. Als wir dann endlich ankamen, lief ein älterer Herr mit seinem Enkelkind auf uns zu und rief: »Suedesi, Suedesi, welcome!« Das sollte übrigens das einzige englische Wort bleiben, das er mit uns sprach. Zuerst zeigte er uns den wunderschönen Hof und teilte uns mit, dass das Essen bald serviert werde. Nach einem Glas vom eigenen Wein setzten wir uns mit großem Appetit an den Esstisch. Wir hatten wirklich einen Bärenhunger. Die Mahlzeit, die uns serviert wurde, war für italienische Verhältnisse eher deftig – aber schlicht umwerfend! Zwar einfach, aber unglaublich aromatisch. Die Frau des Hauses hatte gekocht, während ihr die Schwiegermutter dabei über die Schulter guckte. Für die Unterhaltung bei Tisch war der Hausherr zuständig. Nach dem Essen kramte er sogar ein Akkordeon hervor, und wir sangen gemeinsam.

Neben dieser wunderbaren Erinnerung nahm ich auch ein einmaliges Olivenöl mit nach Hause. Vielen Leuten ist gar nicht bewusst, wie groß die Unterschiede bei Olivenölen sind. Ein wirklich gutes Olivenöl kann wie ein Gewürz sein und kann wahre Wunder bewirken, wenn es über Pasta oder ein belegtes Brot geträufelt wird. Ebenso wie Weine haben auch Olivenöle ihren ganz eigenen Geschmack und ihren Charakter. Es lohnt sich wirklich, Olivenöl sehr sorgsam auszuwählen, besonders, wenn man es unerhitzt genießen möchte, etwa um Brot hineinzutunken oder für einen Salat. Ideal ist es natürlich, wenn man das Olivenöl vor dem Kauf kosten darf.

Holen Sie sich ein wenig Italien in die heimische Küche!

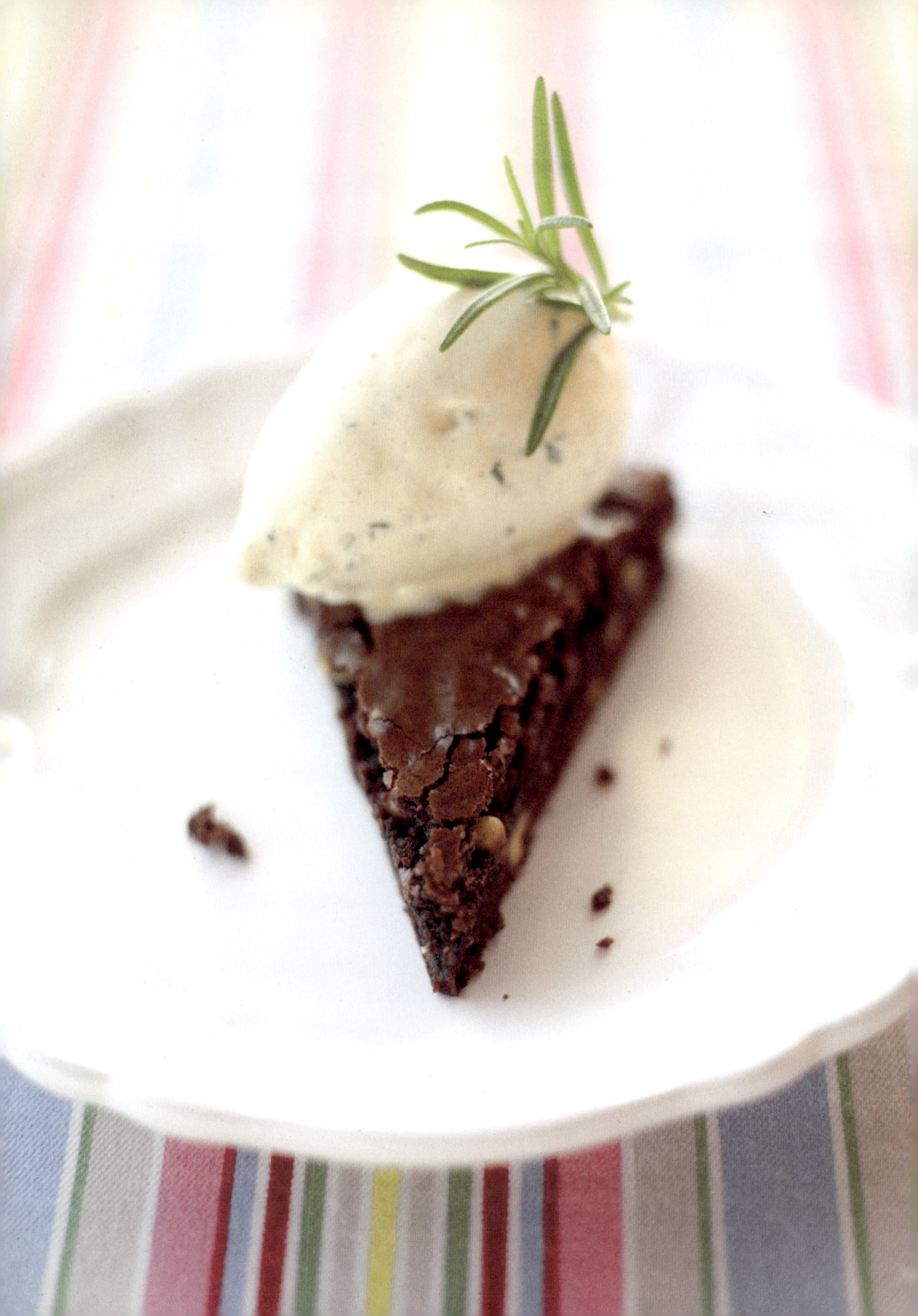

Warmer Pinienkuchen mit Rosmarineis

FÜR EINE SPRINGFORM VON 24 CM DURCHMESSER
ERGIBT 8 PORTIONSSTÜCKE

2 Eier
250 g Zucker
100 g Butter
120 g Weizenmehl
2 TL Vanillezucker
4 EL ungesüßtes Kakaopulver
1 Prise Salz
70 g Pinienkerne
100 g Marzipanrohmasse
Butter und Semmelbrösel für die Form

1. Den Backofen auf 200 Grad vorheizen.
2. Eier und Zucker sehr locker und schaumig schlagen.
3. Die Butter schmelzen und unter die Eimasse rühren.
4. Mehl, Vanillezucker, Kakao und Salz mischen und vorsichtig unter den Teig heben.
5. Die Pinienkerne in einer trockenen Pfanne rösten.
6. Das Marzipan reiben und mit den Pinienkernen unter den Teig rühren.
7. Die Springform einfetten und mit Semmelbröseln ausstreuen. Dann den Teig hineingeben und glatt streichen.
8. In der Mitte des vorgeheizten Ofens etwa 20 Minuten backen. Der Kuchen muss in der Mitte noch leicht klebrig sein.

ROSMARINEIS

5 frische Rosmarinzweige
1 kg weiches Vanilleeis

1. Die Nadeln von den Rosmarinzweigen abstreifen und sehr fein hacken, dann unter das Eis mischen.
2. Den Pinienkuchen aufschneiden und noch leicht warm auf Teller geben. Jeweils eine Kugel Rosmarineis daraufsetzen und sofort servieren.

Leilas Tipp: *Es lohnt sich, beim Backen ein hochwertiges Kakaopulver, möglichst echten Qualitätskakao aus dem Spezialitätengeschäft, zu verwenden. Der Kakao sollte von dunkelbrauner Farbe sein und einen vollen, feinen Kakaogeschmack aufweisen. Meine Lieblingssorte stammt aus Frankreich und heißt Valrhona.*

Semifreddo mit Schokolade und Haselnüssen

FÜR 10 PERSONEN

200 g Zartbitterschokolade (70 %)
4 Eier
4 EL Zucker
200 ml Schlagrahm

200 g griechischer Joghurt
2 EL Frangelico Haselnusslikör
1 Handvoll kleine Baisers (Meringues)
100 g geschälte, geröstete Haselnüsse

Haselnusstipp: Den Backofen auf 200 Grad vorheizen. Die Haselnüsse auf einem Backblech etwa 10 Minuten rösten. Dann in ein Küchentuch geben und die braune Schale mit dem Tuch abreiben.

1. Die Schokolade im Wasserbad oder in der Mikrowelle schmelzen.
2. Die Eier trennen. Die Eigelbe mit der Hälfte des Zuckers hell und schaumig schlagen. Die Eiweiße mit dem verbliebenen Zucker steif schlagen.
3. Den Rahm schaumig schlagen und mit dem Joghurt mischen.
4. Die Eigelbmasse mit Schokolade und Likör verrühren, dann den Rahmjoghurt und schließlich den Eischnee darunterheben.
5. Die Baisers grob zerstoßen, die Nüsse grob hacken und abwechselnd mit dem Teig in die Form schichten.
6. Etwa 4 Stunden ins Gefrierfach stellen, bis das Eis halb gefroren ist.
7. Mit einem Eisportionierer Kugeln abstechen und in Gläsern servieren.

Gut zu wissen: Semifreddo bedeutet übersetzt »Halbgefrorenes« und ist eine herrliche italienische Erfindung. So lässt sich auch ohne Eismaschine wunderbares Eis herstellen.

3: Klassiker

Ich hatte schon immer eine Schwäche für klassische, traditionelle Gerichte und bestelle im Restaurant deshalb gerne zum Beispiel Moules marinières, ein halbes Dutzend Austern oder Mousse au chocolat. Und damit stehe ich nun wirklich nicht allein – viele lieben die zeitlosen klassischen Gerichte, die übrigens auch gar nicht so schwer selbst zuzubereiten sind. Sie werden es auf den folgenden Seiten sehen. Ich habe sie für Sie mit einem kleinen gewissen Etwas ausgestattet.

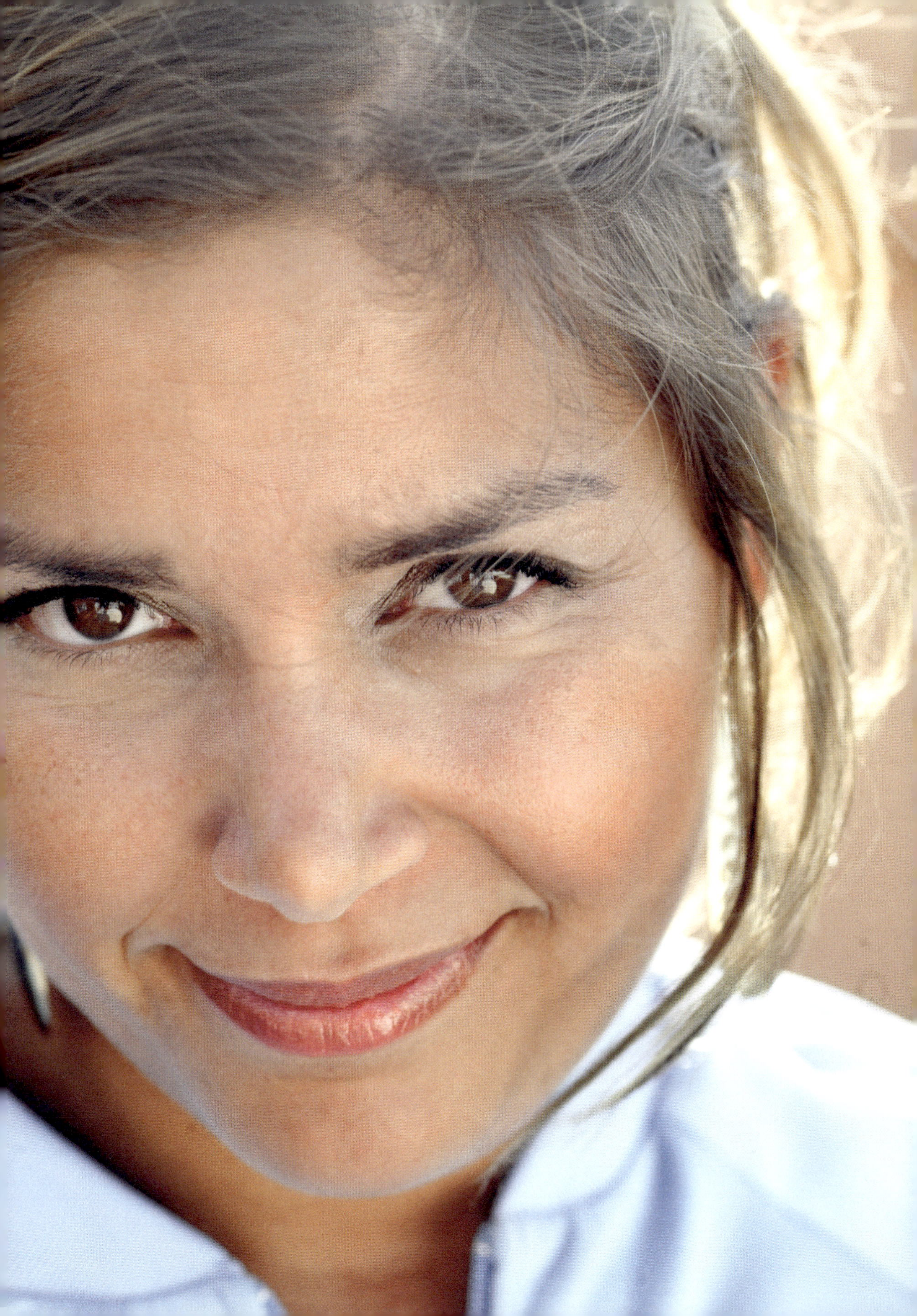

Moules marinières mit gegrilltem Bauernbrot

FÜR 4 PERSONEN

2 kg Miesmuscheln
8 Schalotten
4 Knoblauchzehen
hochwertiges Olivenöl extravergine
200 ml Weißwein
400 ml Schlagrahm
Meersalz, schwarzer Pfeffer aus der Mühle
1 Bund frischer Estragon
1 Bund frische Petersilie

1. Die Muscheln gründlich unter kaltem Wasser abbürsten und die Bärte entfernen. Muscheln, die sich auch nach Anklopfen nicht schließen, wegwerfen.
2. Schalotten und Knoblauch fein hacken.
3. In einem großen Topf Olivenöl erhitzen, Schalotten und Knoblauch darin andünsten, dann die Muscheln hineingeben und umrühren.
4. Den Wein angießen und aufkochen, dann den Rahm hinzufügen, mit Salz und Pfeffer würzen.
5. Den Deckel aufsetzen und etwa 2 Minuten kochen, bis die Muscheln sich geöffnet haben.
6. Die Kräuter hacken, über die Muscheln streuen und die Muscheln in tiefen Tellern mit gegrilltem Bauernbrot servieren.

UNVERGLEICHLICH GUTES GEGRILLTES BAUERNBROT

½ Bauernbrot
hochwertiges Olivenöl extravergine
Meersalz

1. Das Brot in Scheiben schneiden und diese mit Olivenöl bestreichen, dann salzen.
2. Die Brotscheiben auf einem Rost direkt über einer offenen Gasflamme oder in einer trockenen, sehr hoch erhitzten Grillpfanne rösten.

Brasserie-Tipp: Eines meiner Lieblingslokale in Paris ist die Brasserie Lipp, die schon 1880 ihre Tore öffnete. Ich liebe diese alten, traditionellen Brasserien mit ihren routinierten Kellnern, die dort schon seit Urzeiten arbeiten. Meist bestelle ich Austern, Steak frites oder Moules marinières – alles klassische Brasserie-Gerichte. Das Wort »Brasserie« bedeutet übrigens »Brauerei« und hat sich auf die früher dazugehörige Schenke übertragen, in der nur Hausmannskost serviert wurde. Die Brasserie Lipp gehörte übrigens zu den Stammlokalen Ernest Hemingways.

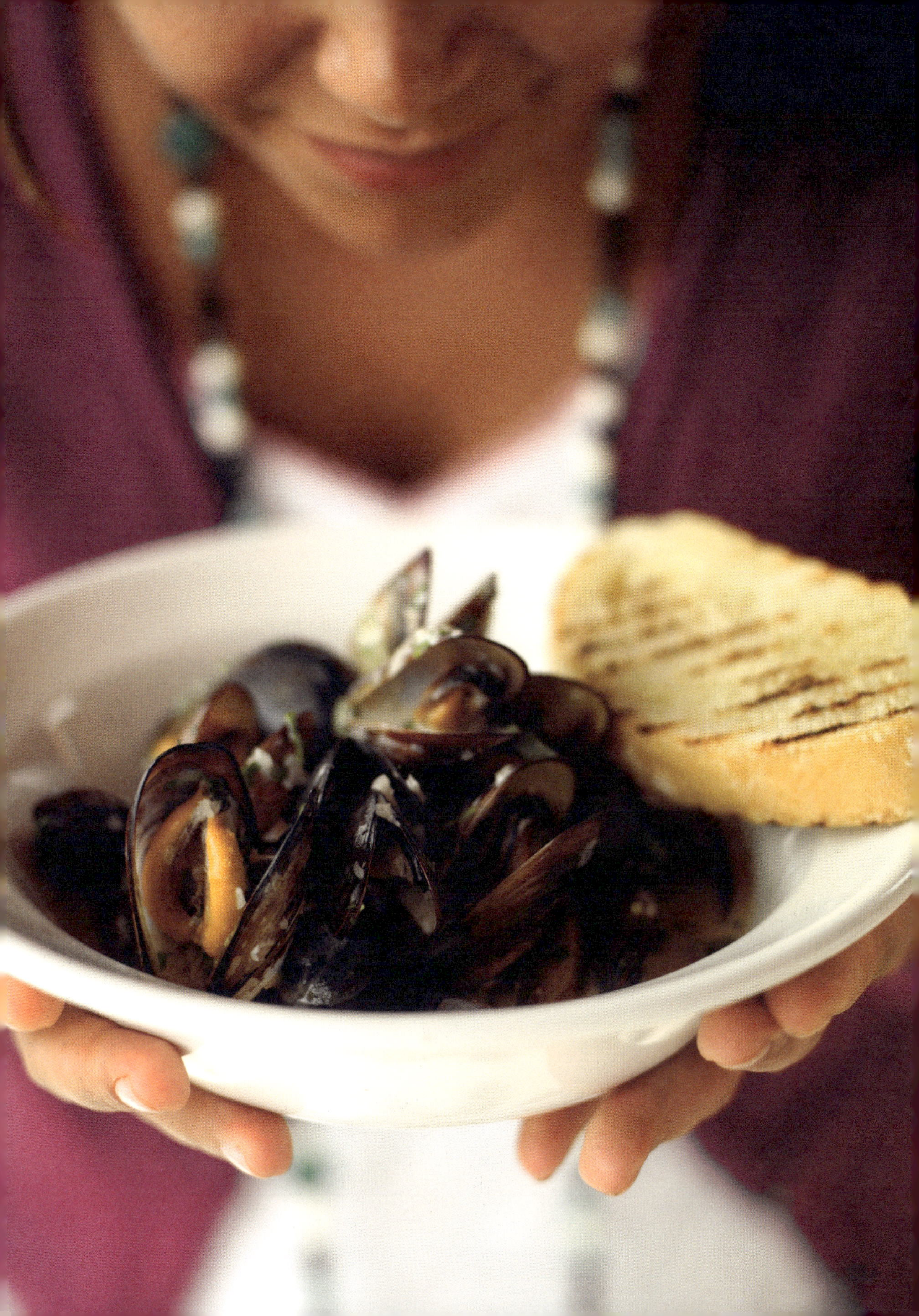

Muscheltipp: Wie bereitet man frische Muscheln zu? Ganz einfach: Zunächst werden die Muscheln gründlich unter fließendem kaltem Wasser abgebürstet und eventuelle Muschelbärte, die feinen Fäden, mit denen sich die Muscheln am Untergrund festsetzen, entfernt. Muscheln, die sich auch nach Anklopfen mit einem Messer nicht schließen, wegwerfen; sie sind verdorben. Wenn Sie wirklich frische Ware ergattert haben, brauchen Sie vermutlich kaum welche auszusortieren. Dann geht alles sehr schnell, denn die Muscheln sind nach schon 2 Minuten gar. Während des Kochens öffnen sich die Muscheln – noch geschlossene Muscheln wegwerfen. Wie Sie sehen, lässt sich ein leckeres Muschelgericht wirklich im Handumdrehen zubereiten.

Saucentipp: Eine Rotweinsauce (siehe Rezept rechts) herzustellen, ist gar nicht so schwierig. Zum Binden verwendet man am besten mit Wasser glatt gerührte Speisestärke, die in die kochende Sauce eingerührt wird. Eine zu stark angedickte Sauce einfach mit wenig Wasser verdünnen, ist die Sauce hingegen noch zu dünn, muss noch etwas mehr angerührte Speisestärke hinzugefügt werden.
Die geräucherten getrockneten Chipotle-Chilis aus Mexiko findet man übrigens in gut sortierten Lebensmittelgeschäften.

Rotweinsauce mit Chipotle-Chili

FÜR 8 PERSONEN

8 Schalotten
8 Knoblauchzehen
hochwertiges Olivenöl extravergine
500 ml Rotwein
800 ml Wasser
4 EL Zucker
4 EL flüssiger Kalbsfond
1 EL Balsamicoessig
1 getrocknete Chipotle-Chili
3 frische Rosmarinzweige
2 TL Speisestärke
100 ml kaltes Wasser
1 EL Butter

1. Schalotten und Knoblauch fein hacken.
2. In einem Topf mit dickem Boden Olivenöl erhitzen, Schalotten und Knoblauch darin dunkelbraun rösten.
3. Rotwein, Wasser, Zucker, Kalbsfond, Essig, die ganze Chilischote und die Rosmarinzweige hineingeben.
4. Einkochen, bis sich die Flüssigkeit um die Hälfte reduziert hat. Anschließend durch ein feines Sieb abseihen.
5. Die Speisestärke mit dem Wasser glatt rühren.
6. Die Sauce aufkochen, die Speisestärke dazugießen und unter Rühren eindicken lassen. Zuletzt die Butter hinzufügen und umrühren.
7. Zu einem saftigen Braten, wie auf Seite 56, servieren.

»Ein paar in Butter gedünstete Pfifferlinge zum Kartoffelgratin zu geben, war die Idee meiner Oma väterlicherseits – einfach himmlisch!«

Omas Kartoffelgratin mit Pfifferlingen

FÜR 8 PERSONEN

2 kg fest kochende kleine Kartoffeln
¼ Sellerieknolle
1 Zwiebel
3 Knoblauchzehen
800 ml Rahm
1½ EL flüssige Hühnerbrühe
1 Bund frischer Thymian, gehackt
1 EL Meersalz
schwarzer Pfeffer aus der Mühle
300 g frische Pfifferlinge
Butter
200 g Emmentaler, gerieben

1. Den Backofen auf 200 Grad vorheizen.
2. Kartoffeln, Sellerie, Zwiebel und Knoblauch schälen und in feine Scheiben schneiden.
3. Rahm und Brühe mit Thymian, Salz und Pfeffer in einem Topf zum Kochen bringen.
4. Kartoffeln, Sellerie, Zwiebel und Knoblauch hinzufügen und 15 Minuten sanft köcheln lassen.
5. Inzwischen die Pfifferlinge in etwas Butter andünsten und mit Salz und Pfeffer würzen.
6. Die Pilze unter die Kartoffelmischung heben, dann den Käse darunterrühren.
7. Alles in eine gebutterte Auflaufform füllen und etwa 25 Minuten goldgelb gratinieren.

Leilas Tipp: *Verwenden Sie eine möglichst große, eher flache Auflaufform, so wird die leckere gratinierte Fläche größer. Statt frische kann man auch getrocknete Pilze verwenden. Die Pilze in diesem Fall zusammen mit den Kartoffeln im Rahm kochen. Durch die Hühnerbrühe erhält das Gericht einen volleren Geschmack. Sehr lecker auch: den Emmentaler durch zerbröckelten Ziegenkäse ersetzen.*

Saftiger Rinderbraten mit provenzalischen Bohnen

FÜR 8 PERSONEN

2 kg gut abgehangenes Rinderfilet oder Entrecôte
hochwertiges Olivenöl extravergine
Meersalz, schwarzer Pfeffer aus der Mühle
4 Knoblauchzehen
1 Bund frische Petersilie
3 frische Rosmarinzweige
1 Bund frischer Thymian

PROVENZALISCHE BOHNEN

400 g frische grüne Bohnen
Butter
3 Knoblauchzehen

1. Den Backofen auf 100 Grad vorheizen (zum Niedrigtemperaturgaren siehe Tipp unten).
2. Das Fleisch mit etwas Olivenöl, Salz und Pfeffer einreiben.
3. Knoblauch und Kräuter fein hacken und das Fleisch damit ebenfalls einreiben.
4. Olivenöl in einer Pfanne hoch erhitzen und den Braten darin rundherum anbräunen.
5. Ein Bratenthermometer in die Mitte des Fleischstücks stechen und im vorgeheizten Ofen bis zur gewünschten Kerntemperatur garen (siehe Tabelle Seite 58).
6. Den Braten herausnehmen und vor dem Servieren mindestens 15 Minuten ruhen lassen.
7. Die Bohnen in gut gesalzenem, kochendem Wasser bissfest garen. Abgießen.
8. Den Knoblauch in feine Scheiben schneiden. Etwas Butter bei hoher Temperatur in einer Pfanne erhitzen und darin die Bohnen mit Knoblauch, Salz und Pfeffer kurz anbraten.
9. Das Fleisch in Scheiben aufschneiden, die Schnittseiten mit Salz und Pfeffer würzen und mit den Bohnen servieren.

Niedrigtemperaturgaren: Bei niedriger Temperatur langsam gegartes Fleisch wird besonders saftig. Das Fleisch wird nicht »unter Stress gesetzt«, und der Bratensaft bleibt im Fleisch. Nehmen Sie das Fleisch je nach Größe 30 Minuten bis 1 Stunde vor der Zubereitung aus dem Kühlschrank, damit es beim Anbraten Zimmertemperatur hat. Andernfalls bräunt es nicht schön, sondern erhält nur eine gräuliche Färbung.

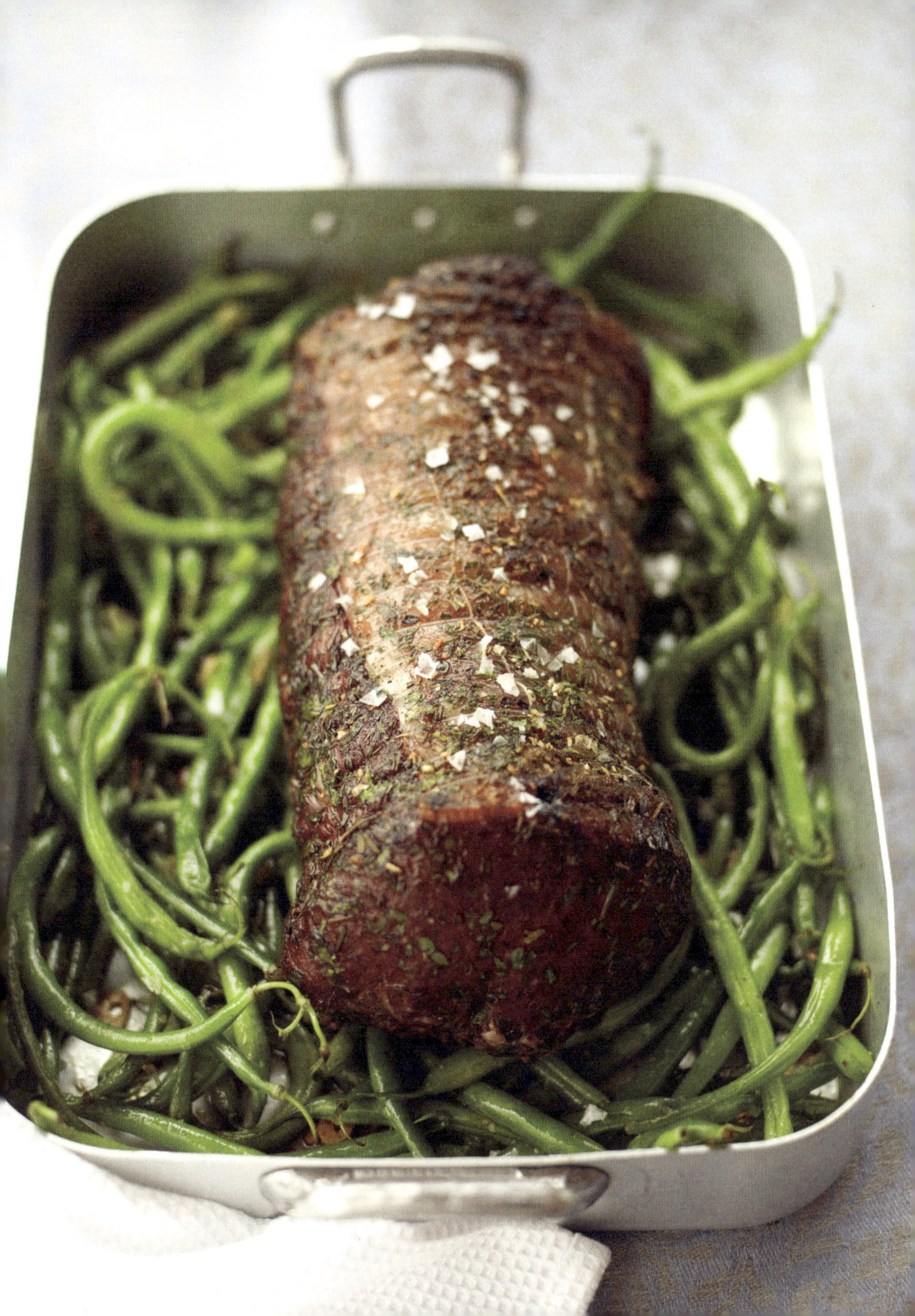

Leilas Gartemperaturtabelle

FLEISCHSORTE	BLUTIG	ROSA	DURCHGEBRATEN
RINDFLEISCH			
Rinderfilet	55°	62°	68°
Entrecôte	58°	64°	70°
Roastbeef	58°	64°	70°
KALBFLEISCH			
Kalbsbraten	58°	62°	72°
Kalbs-Entrecôte	54°	58°	68°
ENTENFLEISCH			
Entenbrust	58°	62°	68°
SCHWEINEFLEISCH			
Schweinefilet			68°
Schweinenacken			70°
Stielkotelett			68°
Schinkenbraten			70°
HÜHNERFLEISCH			
Ganzes Huhn			65°
Hähnchenbrustfilet			65°
Hähnchenschenkelfilet			65°
LAMMFLEISCH			
Lammfilet	56°	60°	68°
Lammbraten	58°	62°	70°
Lamm-Entrecôte	56°	60°	68°

Wichtig: Nicht vergessen, das Fleisch vor dem Servieren in doppelt gelegte Alufolie oder Pergamentpapier einwickeln und je nach Größe des Fleischstücks mindestens 10–20 Minuten ruhen lassen. Auf diese Weise verteilt sich der Saft wieder gleichmäßig im Fleisch und läuft beim Servieren nicht aus.

»Braten sind nicht nur ein Hochgenuss, sie sind auch kinderleicht zuzubereiten. Alles, was man tun muss, ist, das Fleisch mit Gewürzen einzureiben, ein Bratenthermometer hineinzustecken und die restliche Arbeit dem Ofen zu überlassen. Rindfleisch schmeckt mir blutig gebraten am besten, Kalb und Lamm am besten halb rosa und Ente rosa. So kommt der Geschmack der einzelnen Fleischsorten am besten zur Geltung.«

Mamas Irish Coffee

FÜR 2 GLÄSER

2 EL dunkler Muskovadozucker
6 cl irischer Whiskey
200 ml kochend heißer Kaffee
100 ml Schlagrahm
Muskovadozucker und schokolierte Kaffeebohnen als Garnitur

1. Muskovadozucker und Whiskey auf zwei Gläser verteilen und mit einem Schuss Kaffee verrühren.
2. Mit dem verbliebenen Kaffee aufgießen und mit leicht geschlagenem Rahm krönen.
3. Mit etwas Muskovadozucker und Schokokaffeebohnen dekorieren.

Französischer Käse mit gegrillten Früchten

FÜR 4 PERSONEN

2 feste Birnen
4 frische Feigen
hochwertiges Olivenöl extravergine
Meersalz, schwarzer Pfeffer aus der Mühle
1 Handvoll Pinienkerne
2 Sorten französischer Käse
Crema di balsamico (Balsamicoreduktion)

1. Die Birnen ungeschält in Scheiben schneiden, die Feigen halbieren. Beides in eine Schüssel geben.
2. Die Früchte mit Olivenöl beträufeln und darin wenden, mit Salz und Pfeffer würzen.
3. Die Früchte in einer glühend heißen, trockenen Grillpfanne grillen.
4. Die Pinienkerne in einer Pfanne trocken rösten.
5. Den Käse mit den gegrillten Früchten, Crema di balsamico und den Pinienkernen servieren.

Leilas Tipp: Crema di balsamico ist eine süße Balsamicoessigreduktion, die man fertig kaufen kann. Manchmal ist er aromatisiert – mein Favorit ist die Variante mit Himbeergeschmack.

Klassiker

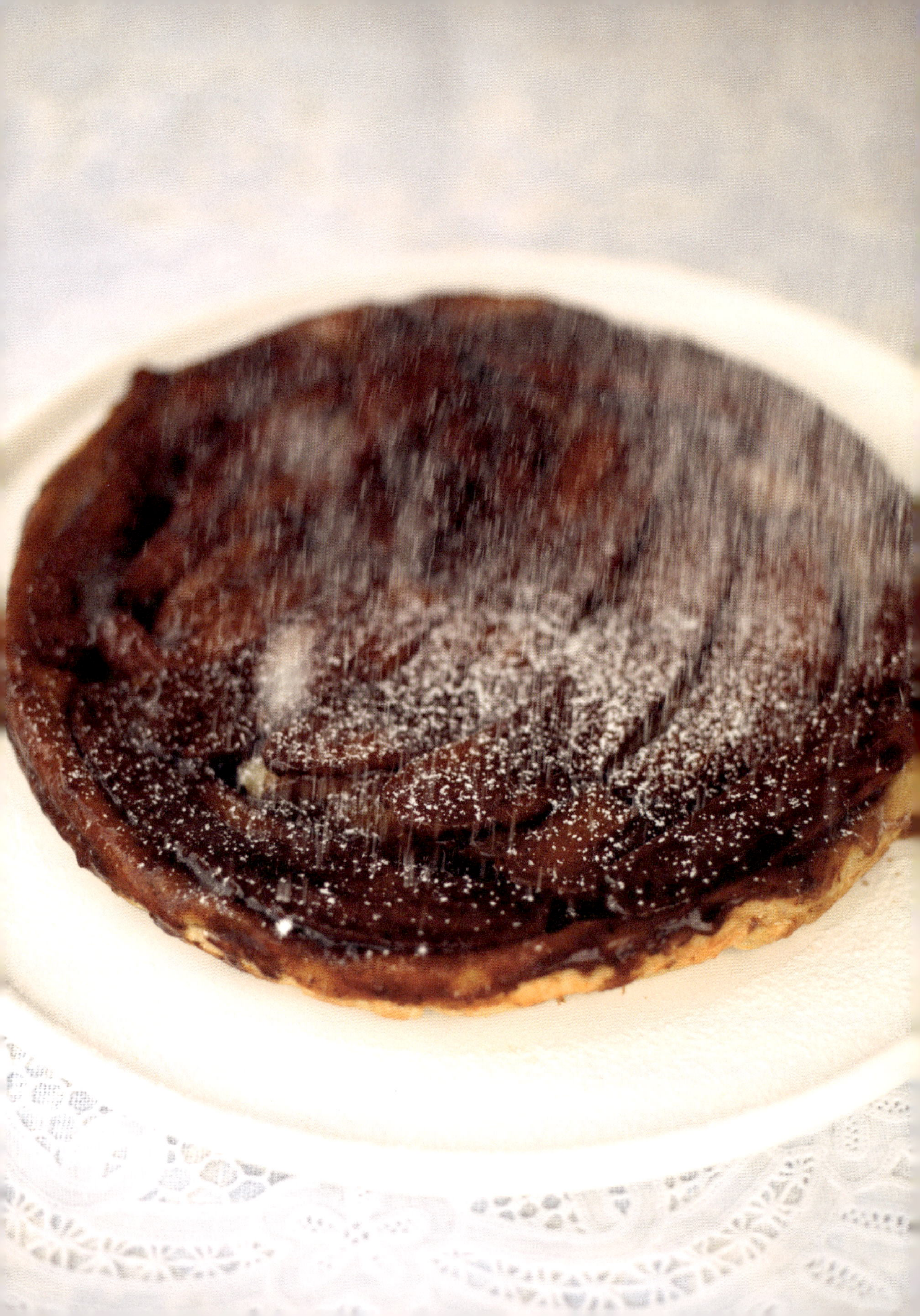

Warme Bananen-Tarte-Tatin mit Vanilleeis

FÜR 6 PERSONEN

50 g Butter
80 g Zucker
1 TL Zimt
½ TL Ingwerpulver
1 Spritzer brauner Rum
4 Bananen
ca. 400 g Blätterteig, tiefgekühlt oder aus dem Kühlregal
verquirltes Ei zum Bestreichen
1 kg Vanilleeis zum Servieren

1. Den Backofen auf 175 Grad vorheizen.
2. Die Butter in einer gusseisernen Pfanne mit hitzebeständigem Griff schmelzen, dann Zucker, Gewürze und Rum hinzufügen. Vom Herd nehmen.
3. Die Bananen schälen und längs halbieren, dann mit der Schnittseite nach unten in die Pfanne legen.
4. Den Blätterteig ausrollen und mit Hilfe eines Tellers zwei Kreise ausschneiden, die denselben Durchmesser haben wie die Pfanne.
5. Eine Teigplatte über die Bananen legen und an den Rändern vorsichtig andrücken.
6. Die Oberseite mit Ei bestreichen und die zweite Teigplatte darüberlegen. Den Teigdeckel mehrfach mit einer Gabel einstechen.
7. Die Tarte in der Pfanne in den vorgeheizten Ofen schieben und etwa 35 Minuten backen.
8. Die Pfanne aus dem Ofen nehmen und etwas abkühlen lassen. Dann die Tarte auf einen Tortenteller stürzen. Mit Vanilleeis servieren.

Leilas Tipp: Lassen Sie den Blätterteig vor der Verwendung Zimmertemperatur annehmen und schon etwas aufgehen. Tiefgekühlter Blätterteig muss vor dem Ausrollen vollständig aufgetaut sein.

Kubanische Mousse au chocolat

FÜR 8 PERSONEN

200 g Zartbitterschokolade (70 %)
2 Eigelb
2 EL dunkler Muskovadozucker
1 EL kochend heißer Espresso
2 EL brauner Rum
3 Passionsfrüchte
300 ml Schlagrahm
Schokoladenspäne als Garnitur

1. Die Schokolade hacken und im Wasserbad oder in der Mikrowelle schmelzen.
2. Eigelbe und Zucker cremig rühren.
3. Espresso, Rum und das ausgekratzte Fruchtfleisch der Passionsfrüchte darunterrühren.
4. Die geschmolzene Schokolade unter die Eimasse rühren.
5. Den Rahm nur leicht anschlagen und unter die Schokoladenmasse heben.
6. Die Mousse in kleine Tassen oder Gläser füllen und mit Schokoladenspänen garnieren.

Leilas Tipp: Für Mousse au chocolat niemals Schokolade mit einem höheren Kakaoanteil als 70 Prozent verwenden. Sonst wird die Mousse zu bitter und erhält eine leicht körnige Konsistenz.

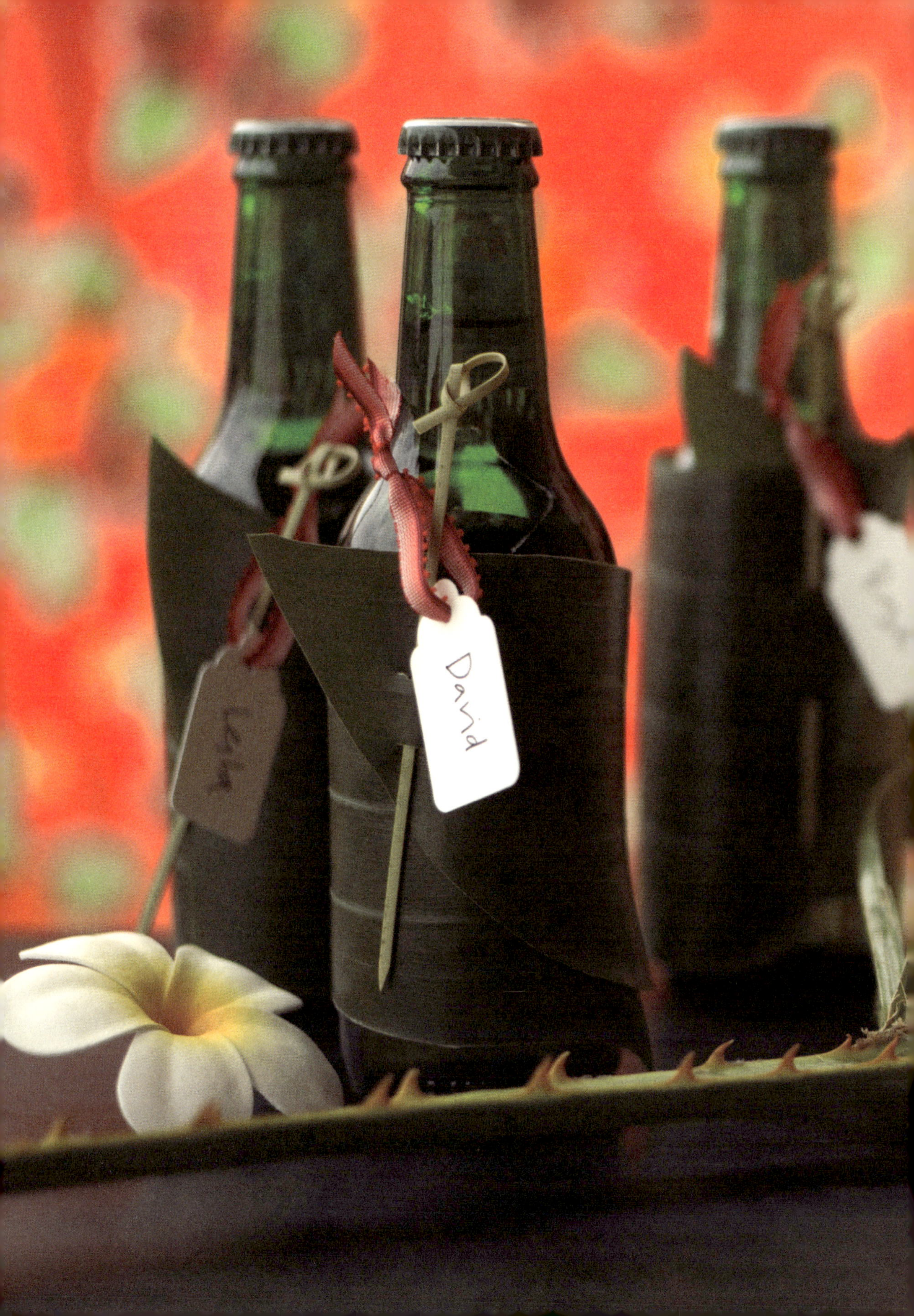
David

4: Viet-nam-nam

Die asiatische Küche schmeckt unglaublich frisch und lecker und hat zudem den weiteren Vorteil, dass sie sehr fettarm und gesund ist. Aromen werden auf eine für uns ungewohnte Art miteinander kombiniert, und man fühlt sich schon bei der Zubereitung gleich ganz anders. Von meinen Reisen nach Asien bringe ich immer neue, spannende Rezepte mit nach Hause, mit denen ich dann meine Freunde bekoche. Die meist schnell zubereiteten Gerichte sind ideal für Gäste, die man im Handumdrehen mit exotischen Geschmacksabenteuern beeindrucken kann. Im folgenden Kapitel hat jedes Rezept seine eigene Geschichte, die ich auf meinen aufregenden Reisen durch Thailand und Vietnam erlebt habe.

Feurige Cashewkerne

FÜR 4 PERSONEN

120 g Cashewkerne, gesalzen
1 Prise Cayennepfeffer
schwarzer Pfeffer aus der Mühle

1. Den Backofen auf 200 Grad vorheizen.
2. Die Cashewkerne mit den Gewürzen mischen und etwa 5 Minuten im Ofen rösten.

Leilas Tipp: Man kann diese Cashewkerne auch in der Mikrowelle erhitzen. Warme Nüsse sind wirklich eine tolle Sache. Besonders gut schmecken diese feurigen Cashewkerne zu einem eiskalten Bier oder einem Drink.

Banana Colada

FÜR 2 GLÄSER

2 reife Bananen
50 ml Zuckersirup (siehe Seite 131)
Saft von ½ Zitrone
100 ml Kokosmilch
6 cl brauner Rum
Eiswürfel

1. Die Bananen schälen und zusammen mit den übrigen Zutaten im Mixer gut durchmixen.
2. In die Gläser verteilen und genießen.

Leilas Tipp: In Südostasien ist der Bananenshake ein sehr populäres alkoholfreies Getränk. Dazu püriert man Bananen, Zuckersirup, Zitronensaft, Milch und Eis im Mixer. Meine eigene Variante habe ich »Banana Colada« genannt und mit etwas Rum aufgepeppt. Wenn Kinder mittrinken, kann man den Alkohol einfach weglassen.

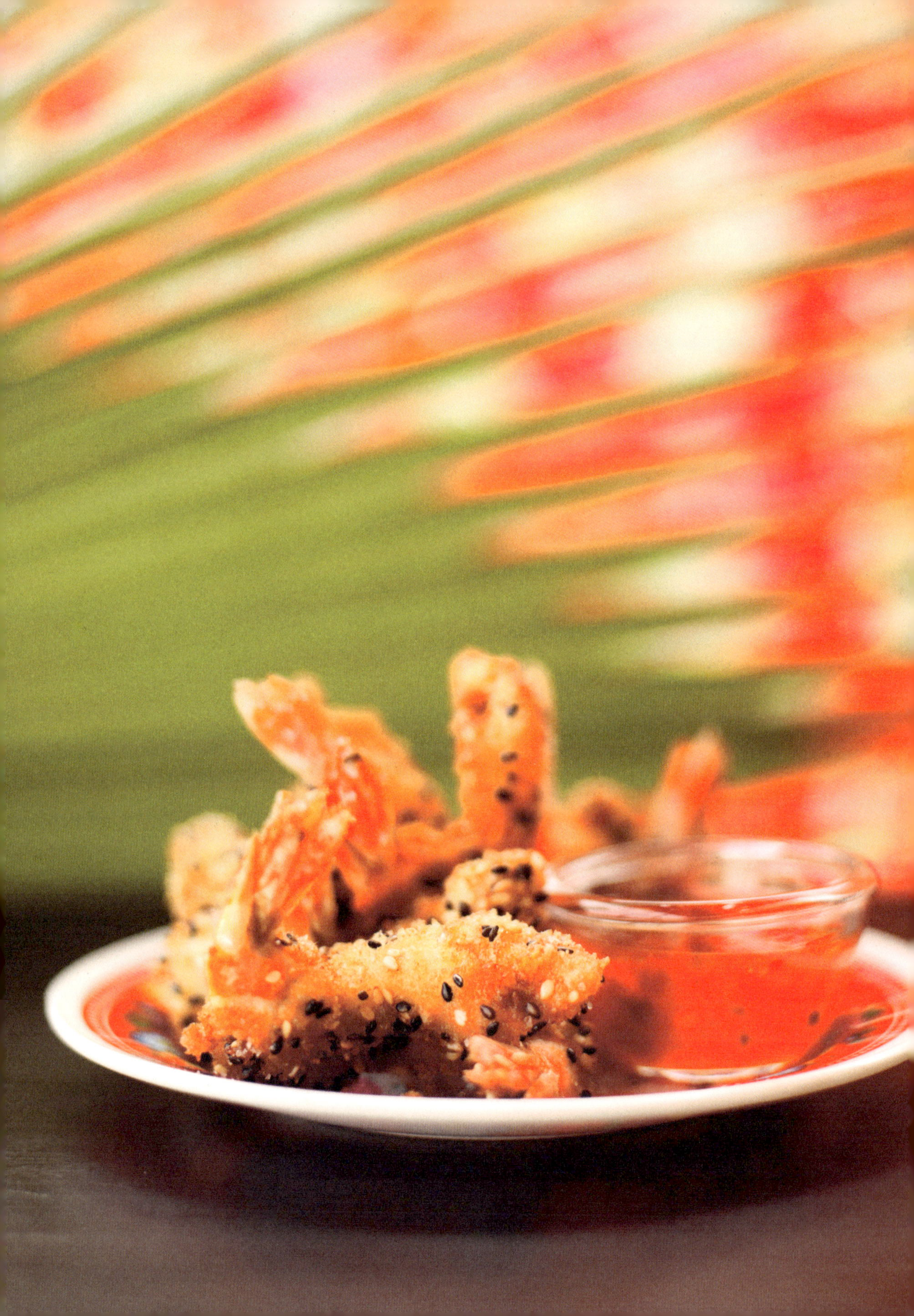

Frittierte Sesamgarnelen mit süßem Chilidip

FÜR 6 PERSONEN

600 g rohe Riesengarnelen
6 Scheiben Weißbrot
3 EL schwarze und weiße Sesamsamen
3 Eier
60 g Weizenmehl
Meersalz
Öl zum Frittieren
süße Chilisauce zum Servieren

1. Die Garnelen aus der Schale lösen, den Schwanz jedoch intakt lassen und auf die Hälfte kürzen. Dem Rücken entlang einritzen und den dunklen Darmfaden entfernen.
2. Die Brotscheiben entrinden und in der Küchenmaschine zu Semmelbröseln mahlen.
3. Die Semmelbrösel in einer Schale mit den Sesamsamen mischen.
4. Die Eier in einer separaten Schale verquirlen, Mehl und Salz in einer dritten Schale mischen.
5. Die Garnelen nacheinander zuerst im Mehl, dann im Ei und schließlich in den Semmelbröseln wenden.
6. In heißem Öl goldgelb frittieren und auf Küchenpapier abtropfen lassen. Dann salzen.
7. Sofort mit süßer Chilisauce servieren.

Leilas Tipp: Zum Frittieren verwende ich immer einen großen Topf und fülle ihn zu etwa einem Drittel mit Öl. Um zu kontrollieren, ob das Öl bereits heiß genug ist, eine einzelne Garnele hineingeben. Wenn das Öl dabei stark sprudelt, ist die richtige Temperatur erreicht. Halten Sie immer einen Deckel griffbereit, damit Sie für den Fall, dass sich das Öl entflammt, die Flammen sofort mit dem Deckel ersticken können. Niemals Wasser in heißes Öl gießen! Diese Panade eignet sich auch gut für Tintenfischringe oder Fish and Chips.

Good morning, Vietnam!

Vor einiger Zeit habe ich eine wunderbare kulinarische Reise nach Vietnam unternommen. Rundreisen durch Asien mag ich sehr, Land und Leute und auch das Essen finde ich unglaublich interessant und inspirierend. Die Reise nach Vietnam unternahm ich allein, was alles noch etwas abenteuerlicher machte. Nachdem ich angekommen war, wurde mir schnell klar, dass hier alles ein wenig anders war.

In Saigon zum Beispiel füllten sich einmal die Straßen plötzlich mit Hunderttausenden (Tatsache, ich übertreibe nicht!) laut schreienden Mopedfahrern – ich dachte schon, eine Revolution sei ausgebrochen. Wie ich dann jedoch erfuhr, hatte Vietnam nur gerade ein Fußballspiel gegen Malaysia gewonnen! Der Verkehr war das reinste Chaos, und auf einer Fahrt durch die Straßen von Saigon musste man wirklich um sein Leben fürchten. Oft fuhren bis zu zehn Mopedfahrer nebeneinander. Auf dem Flug von Saigon nach Hanoi telefonierten die Passagiere sogar während des Starts mit ihren Handys oder schrieben SMS. Es gibt hier wirklich eine Menge zu sehen und zu erleben – ich hätte nicht übel Lust, einen ganzen Monat durch das Land zu streifen und die Kultur zu entdecken. Das Essen ist vielleicht nicht ganz so lecker wie in Thailand, wo ich vor ein paar Jahren kurz gearbeitet habe, aber dennoch sehr inspirierend. Meine Eindrücke nutzte ich, um meine ganz eigenen Rezeptversionen zu kreieren, für die man auch garantiert alle Zutaten im Asialaden um die Ecke findet.

Meine Inspirationsquellen sind breit gefächert – von Luxus- und Designerhotels bis zu Straßenständen und Wochenmärkten. An jeder Ecke gibt es neue Inspiration und interessante Arten, das Essen zu präsentieren. Am liebsten esse ich aber an kleinen, abgelegenen Plätzen, wo wundervolle authentische Gerichte serviert werden, die wirklich noch die Esskultur des Landes widerspiegeln. Wenn ich an den Straßenständen neue Gerichte ausprobierte, wusste ich oft gar nicht, was ich da eigentlich ass – auch das ist ein Teil des Abenteuers!

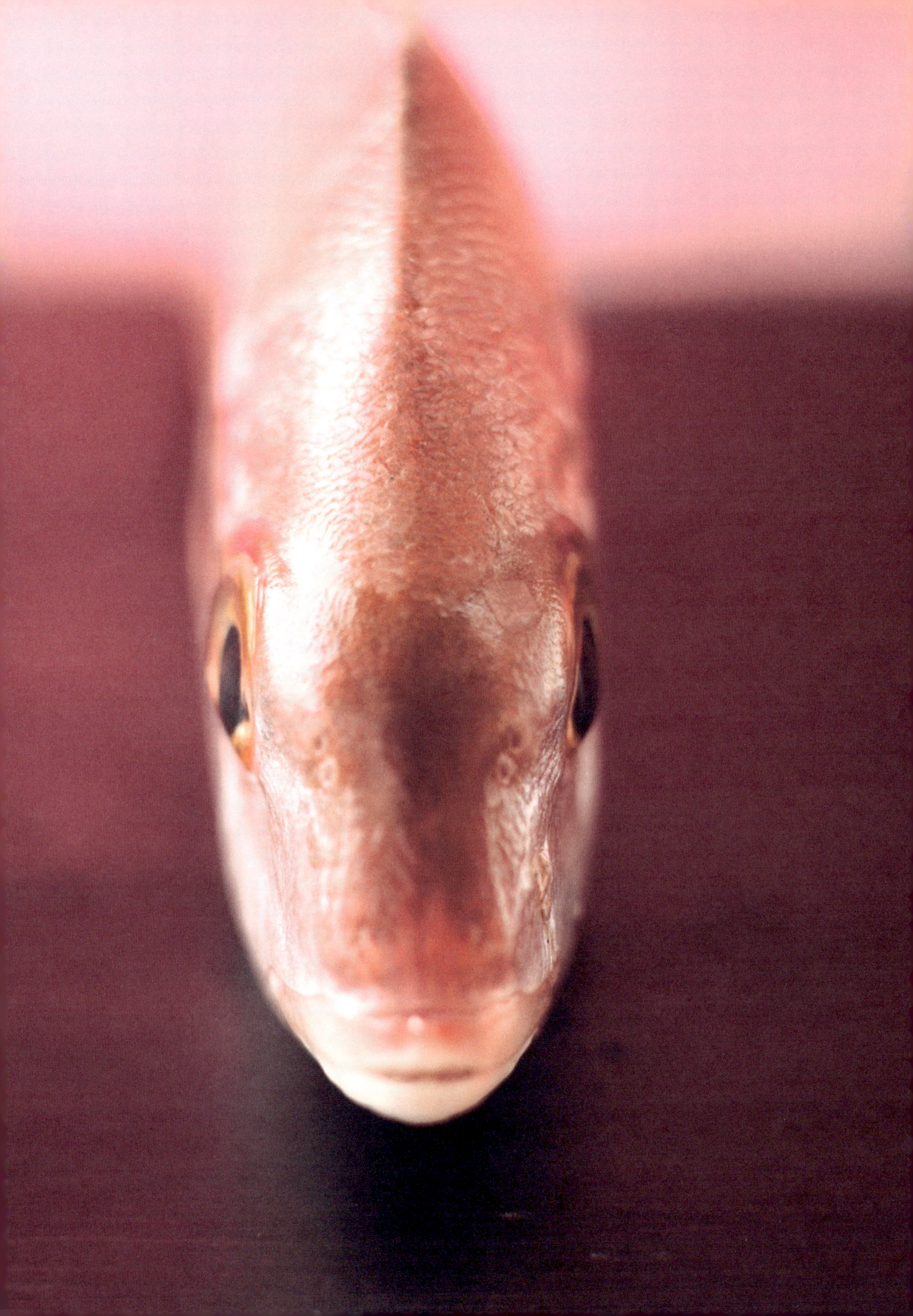

Vietnamesische Frühlingsrollen

FÜR 4 PERSONEN

300 g rohe Riesengarnelen
2 EL Olivenöl
Meersalz, schwarzer Pfeffer aus der Mühle
4 Blatt Reispapier

FÜLLUNG

1 Bund frische Minze
1 Bund frischer Koriander
1 Kopfsalat, in Stücke gezupft
1 milde rote Chili
1 Mango
½ Salatgurke

gehackte Erdnüsse zum Garnieren

1. Die Garnelen aus den Schalen lösen und den Darmfaden entfernen. Im Olivenöl wenden und mit Salz und Pfeffer würzen.
2. Kurz in einer heißen, trockenen Pfanne braten.
3. Wasser in einem Topf zum Kochen bringen und das Reispapier darin etwa 15 Sekunden einweichen. Dann herausheben und nebeneinander zwischen zwei saubere Küchenhandtücher legen. Die Blätter dürfen sich dabei nicht überlappen, sonst kleben sie aneinander fest.
4. Für die Füllung Minze- und Korianderblätter von den Stielen zupfen, den Salat waschen und trocken schleudern. Die Chili entkernen und in dünne Ringe schneiden, Mango und Gurke in Stifte schneiden.
5. In die Mitte der Reispapierblätter die Kräuter und Garnelen verteilen. Dann mit Salat, Mango, Gurke und Chili belegen.
6. Die Reisblätter bis zur Hälfte aufrollen, dann die Seiten einschlagen und weiter aufrollen.
7. Die Rollen halbieren und mit Erdnüssen und vietnamesischer Dipsauce servieren.

VIETNAMESISCHE DIPSAUCE

4 EL Fischsauce
4 TL Zucker
Saft von 3 Limetten
½ milde rote Chili
½ milde grüne Chili

1. Fischsauce, Zucker und Limettensaft in einer Schale verrühren.
2. Die Chili entkernen, in dünne Ringe schneiden und unter die Sauce rühren.

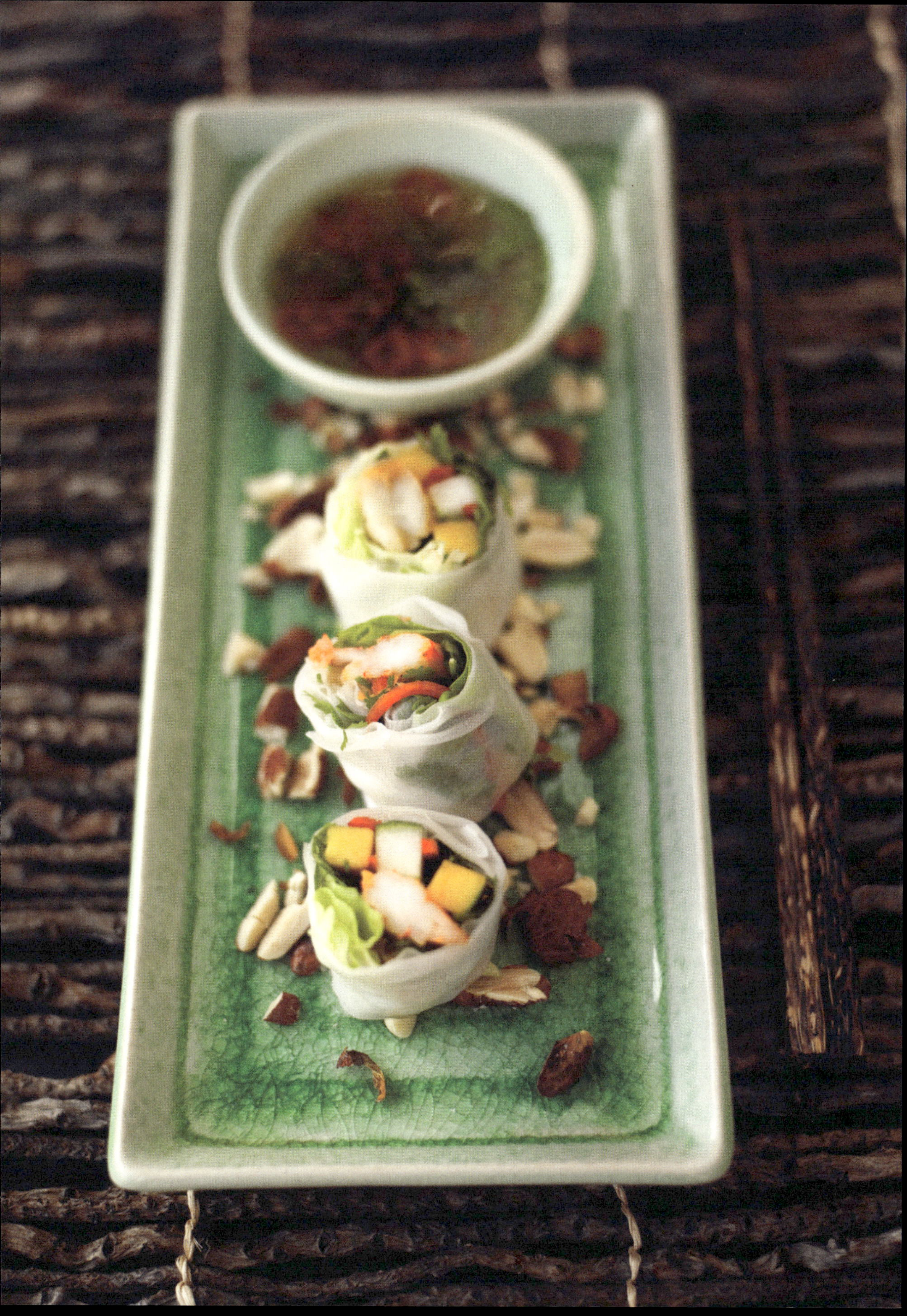

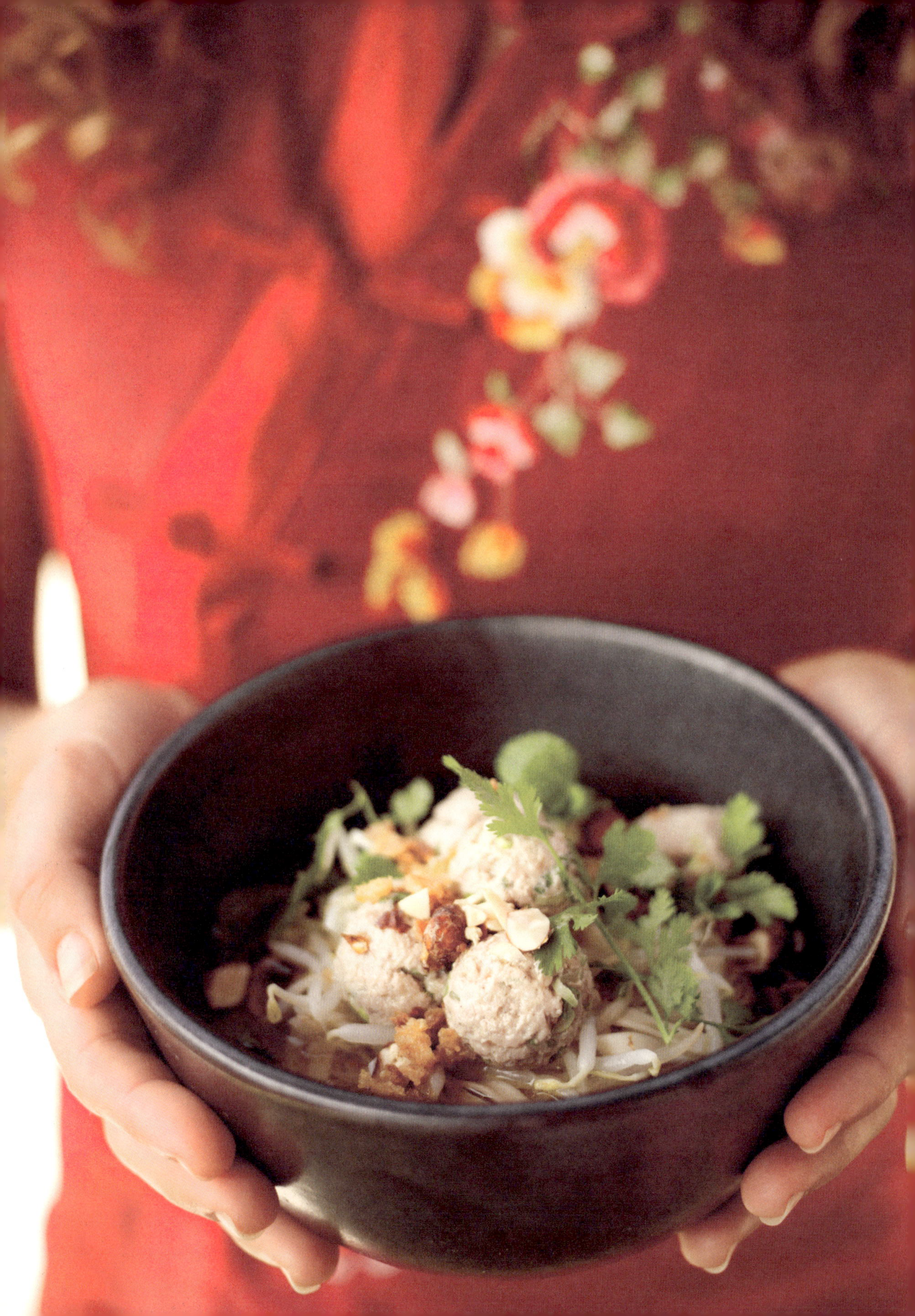

Superleckere asiatische Fleischbällchen in Brühe

FÜR 4 PERSONEN

Fleischbällchen
350 g gehacktes Schweinefleisch
1 Knoblauchzehe, zerdrückt
2 EL süße Chilisauce
1 EL Fischsauce
3 Frühlingszwiebeln, in feine Ringe geschnitten
Meersalz, schwarzer Pfeffer aus der Mühle

BRÜHE

1½ l Hühnerbrühe
4 EL japanische Sojasauce
1 EL Fischsauce
1 Stück frischer Ingwer, geschält
Saft von ½ Limette

300 g asiatische Eiernudeln
180 g Bohnensprossen
1 Bund frische Minze
1 Bund frischer Koriander
60 g Erdnüsse, grob gehackt
100 g Röstzwiebeln (Fertigprodukt)

1. Das Hackfleisch mit Knoblauch, Chilisauce, Fischsauce, Frühlingszwiebeln, Salz und Pfeffer mischen und abschmecken.
2. Die Hühnerbrühe mit Sojasauce, Fischsauce, dem in Scheiben geschnittenen Ingwer und Limettensaft zum Kochen bringen. Dann vom Herd nehmen.
3. Aus dem Hackfleisch kleine Bällchen formen und in die heiße Brühe geben. Noch einmal aufkochen lassen und warten, bis die Fleischbällchen an die Oberfläche steigen.
4. Die Nudeln nach Packungsanleitung bissfest garen und in Suppenschalen verteilen. Bohnensprossen, Minze- und Korianderblätter dazugeben.
5. Die Fleischbällchen mit etwas Brühe auf die Suppenschalen verteilen.
6. Mit Erdnüssen, Röstzwiebeln und Korianderzweigen garnieren.

Ginger Gino

FÜR 4 PERSONEN

2 Bananen
3 Kiwis
2 Handvoll Erdbeeren
80 g brauner Zucker
100 g Kokosraspel
2 Stücke frischer Ingwer, gerieben
200 g hochwertige weiße Schokolade, gehackt
1 kg weiches Vanilleeis zum Servieren

1. Den Backofengrill auf 200 Grad vorheizen.
2. Die Früchte schälen, in Scheiben schneiden und in kleine Portionsformen oder eine große Auflaufform schichten.
3. Zucker, Kokosraspel, Ingwer und Schokolade mischen.
4. Die Mischung über die Früchte streuen und im vorgeheizten Ofen goldbraun gratinieren.
5. Als Nachspeise warm mit etwas Vanilleeis servieren.

Leilas Tipp: Ich lasse beim Überbacken immer die Ofentür offen, damit die Früchte möglichst wenig garen. Das Gratinieren dauert nur 1–2 Minuten, haben Sie daher immer ein Auge auf das Gericht, damit es an der Oberfläche nicht verbrennt!

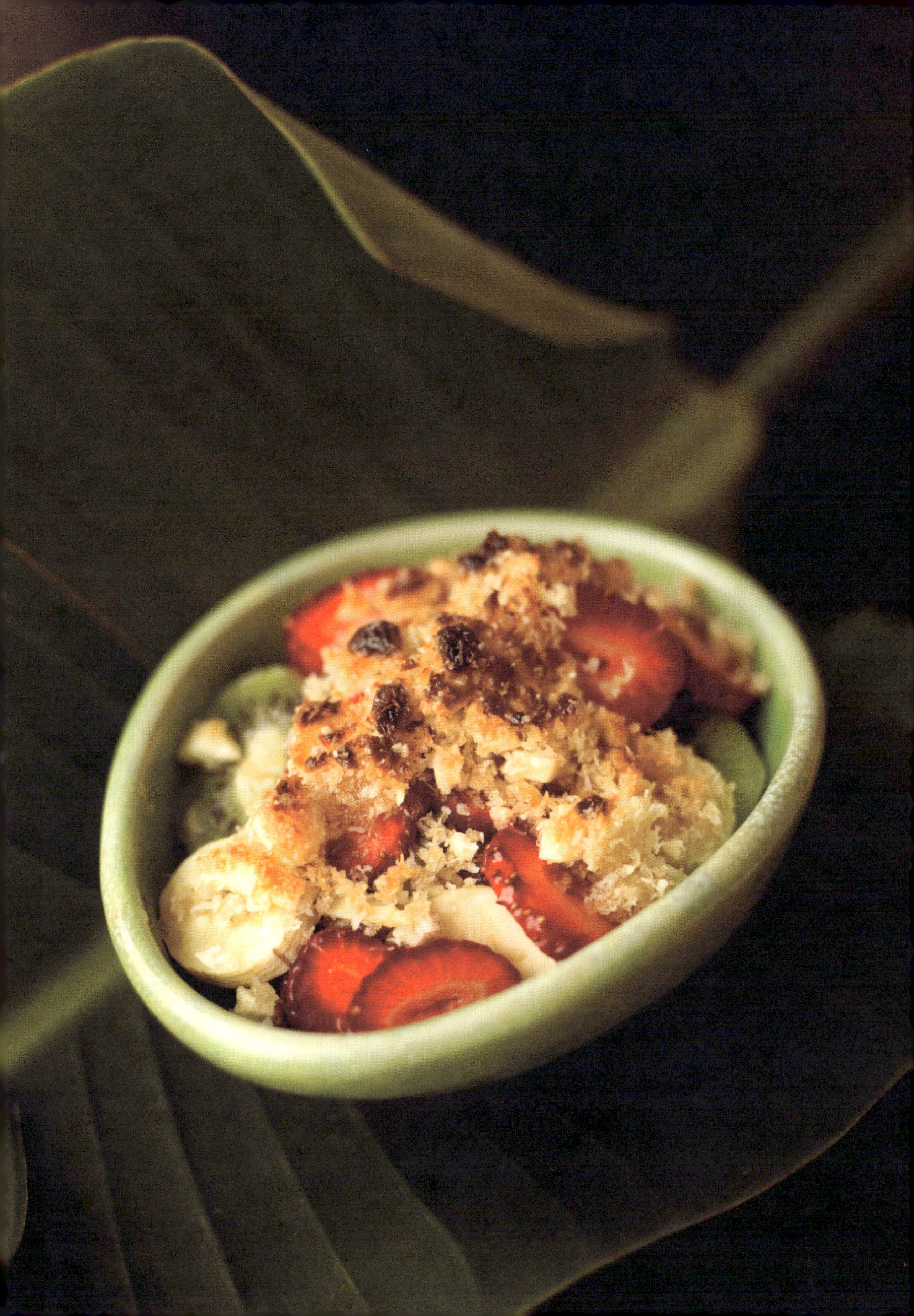

»Dunkler Muskovadozucker ist ein Rohzucker aus Mauritius. Er hat eine klebrige Konsistenz und eine leichte Lakritznote. Dieser Zucker ist einer meiner neuen Lieblinge, er eignet sich unglaublich gut zum Kochen und schmeckt einmalig zu Vanilleeis.«

Vanilleeis mit gerösteten Kokosraspeln

FÜR 4 PERSONEN

80 g Kokosraspel
1 kg Vanilleeis
40 g dunkler Muskovadozucker
50 ml brauner Rum

1. Die Kokosraspel in einer trockenen Pfanne rösten und abkühlen lassen.
2. Eis, Zucker und die gerösteten Kokosraspel in Kokosnussschalenhälften oder in Dessertschalen schichten.
3. Mit Rum übergießen und sofort servieren.

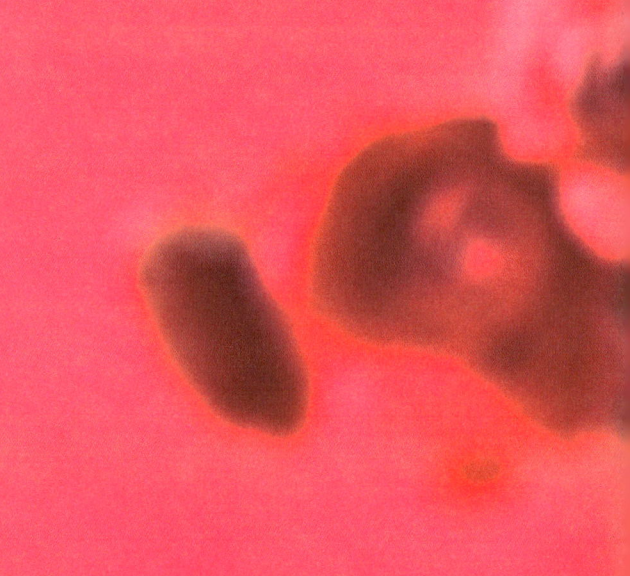

5: Kitchen-Kitsch

Ich liebe es, in amerikanischen »Diners« zu essen, und habe eine Schwäche für Kitsch in der Küche. Kitschige Küchenklassiker gibt es in großer Zahl, und es macht einfach Spaß, sie bei einem Fest zu servieren. Sie sind nicht nur lecker, sondern kommen auch bei Groß und Klein gut an. Ich genieße es, in der Küche ein bisschen albern und durchgeknallt zu sein. In viele der folgenden Rezepte habe ich mich während eines Aufenthalts in New York verliebt. Damals ließ ich mich von unvergleichlich leckeren Spareribs verführen, die für mich nun das ultimative Vorbild für diesen Barbecue-Klassiker sind. Außerdem bin ich ganz vernarrt in den uramerikanischen »Devil's Food Cake«, eine herrlich saftige Schokoladentorte, die ich gern zum Kaffeeklatsch mit meinen Freundinnen serviere.

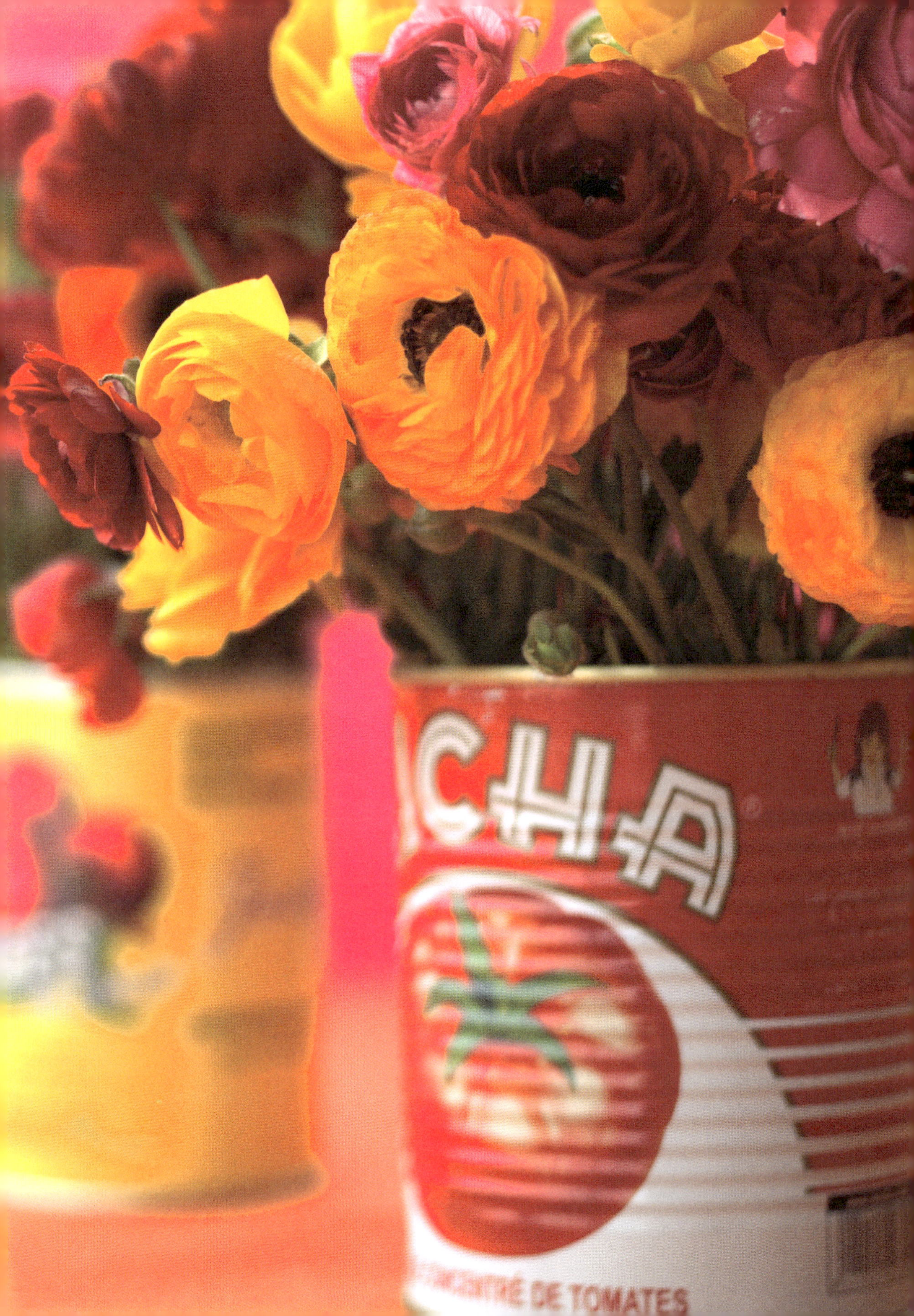
CHA
DE TOMATES

Margarita

FÜR 2 GLÄSER

10 cl weißer Tequila
5 cl Triple Sec
Saft von 1 Zitrone
5 cl Zuckersirup (siehe Seite 131)
Eiswürfel
Meersalz für den Glasrand

1. Alle Zutaten bis auf das Salz in einen Cocktailshaker geben und kräftig schütteln.
2. Die Ränder von zwei Margarita-Gläsern mit einer Zitronenspalte anfeuchten.
3. Die Meersalzflocken zerstoßen, auf einen Teller geben und die Glasränder hineintauchen. Dann den Drink hineinfüllen.

Leilas Tipp: Kein Cocktailshaker im Haus? Das ist mir auch einmal passiert, als ich meinen Freundinnen ein paar Margaritas mixen wollte. Kurzerhand funktionierte ich meine Edelstahl-thermoskanne zum Cocktailshaker um. Selbst ist die Frau!

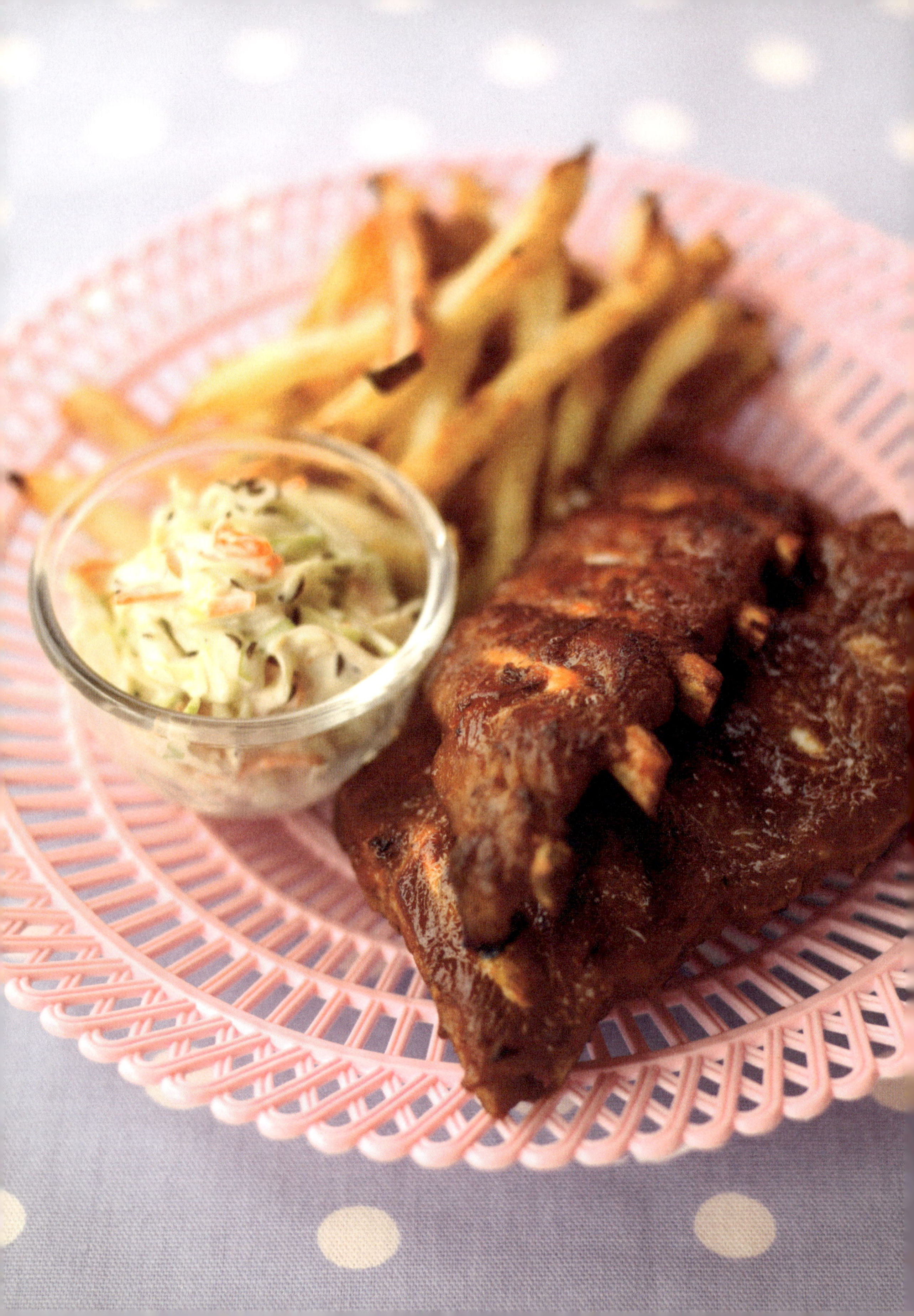

Unheimlich gute Sticky Spareribs

FÜR 6 PERSONEN

3 Zwiebeln, geviertelt
½ Knoblauchzehe
15 schwarze Pfefferkörner
5 kg dünne Rippenbögen vom Schwein

1. In einem großen Topf gut gesalzenes Wasser zum Kochen bringen. Die Zwiebeln vierteln und zusammen mit der Knoblauchzehe und den Pfefferkörnern hineingeben.
2. Die Rippchen hinzufügen und bei sanfter Hitze 1½ Stunden köcheln lassen.
3. Den Backofen auf 200 Grad vorheizen.
4. Die Rippchen aus der Brühe heben und mit Küchenpapier trocken tupfen.
5. Auf ein Backblech legen und mit Barbecue-Glasur (siehe unten) bestreichen.
6. Die Spareribs etwa 30 Minuten im vorgeheizten Ofen backen, dabei etwa in der Hälfte der Zeit noch einmal mit Sauce bestreichen.

STICKY BARBECUE GLAZE

160 g heller Muskovadozucker
200 ml japanische Sojasauce
200 ml flüssiger Honig
200 ml Ketchup
2 Stücke frischer Ingwer
4 Knoblauchzehen

1. Muskovadozucker, Sojasauce, Honig und Ketchup in einer Schüssel verrühren.
2. Ingwer und Knoblauch schälen und reiben, dann unter die Sauce rühren.

Herrlich schmecken Spareribs zu Coleslaw (Krautsalat) und hausgemachten Pommes frites. Die Rezepte finden Sie auf den nächsten Seiten.

Leilas Tipp: Spareribs mit Beilagen sind ein perfektes Familienessen. Diese Rippchen sind sehr einfach zuzubereiten, und man braucht dafür kein Profikoch zu sein. Ich liebe es, zu Hause eine richtige Cowboymahlzeit aufzutischen! Zwar nimmt dies etwas Zeit in Anspruch, aber es lohnt sich auf jeden Fall. Während die Rippchen garen, kann man ja auch andere Dinge erledigen …
Die Brühe vom Kochen der Rippchen ist übrigens eine gute Suppengrundlage. Zum Grillen sind diese Spareribs ebenfalls sehr gut geeignet.

Hausgemachte Pommes frites

FÜR 6 PERSONEN

8 Backkartoffeln oder 12 große Kartoffeln
hochwertiges Olivenöl extravergine
Meersalz

1. Den Backofen auf 200 Grad vorheizen.
2. Die Kartoffeln gut waschen und ungeschält in lange Stifte schneiden.
3. Auf ein Backblech legen, mit Olivenöl beträufeln, salzen und die Kartoffeln gut im Öl wenden.
4. Etwa 30 Minuten im vorgeheizten Ofen backen.

Mein Coleslaw

FÜR 6 PERSONEN

½ Weißkohl
2 Karotten
1 Knoblauchzehe
1 EL Kreuzkümmelsamen
400 g Mayonnaise
ein paar Tropfen Tabasco
Meersalz, schwarzer Pfeffer aus der Mühle

1. Den Kohl fein raspeln und kurz in gut gesalzenem, kochendem Wasser blanchieren.
2. In ein großes Abtropfsieb abgießen und so lange mit eiskaltem Wasser abbrausen, bis der Kohl abgekühlt ist.
3. Die Karotten raspeln, den Knoblauch fein hacken und beides in einer Schüssel mit dem Kohl mischen.
4. Die Kreuzkümmelsamen in einer trockenen Pfanne rösten und leicht in einem Mörser zerstoßen. Ebenfalls unter den Kohl mischen.
5. Die Mayonnaise darunterrühren und mit Tabasco, Salz und Pfeffer abschmecken.

Texas Fajitas

FÜR 4 PERSONEN

300 g gut abgehangenes Beefsteak in Scheiben
hochwertiges Olivenöl extravergine
Meersalz, schwarzer Pfeffer aus der Mühle

MAIS-SALSA

340 g Mais aus der Dose, abgetropft
4 EL Olivenöl
2 Avocados
4 Frühlingszwiebeln
1 milde rote Chili
1 Knoblauchzehe, gehackt
1 Bund frischer Koriander
Saft von ½ Limette

4 große weiche Tortillas
200 g saure Sahne
140 g Blauschimmelkäse, zerbröckelt

1. Die Fleischscheiben mit Olivenöl einreiben und mit Salz und Pfeffer würzen.
2. Die Maiskörner mit 2 Esslöffeln Olivenöl, Salz und Pfeffer mischen. In einer sehr heiß erhitzten, trockenen Pfanne braten, bis der Mais aufpoppt und sich dunkelbraun verfärbt.
3. Die Avocados schälen und würfeln. Die Frühlingszwiebeln in dünne Ringe schneiden, die Chili entkernen und hacken, den Knoblauch und die Hälfte des Korianders ebenfalls hacken. Alles in einer Schüssel mit dem Mais mischen.
4. Mit 2 Esslöffeln Olivenöl, Limettensaft, Salz und Pfeffer abschmecken.
5. Das Fleisch in einer heißen, trockenen Grillpfanne oder auf einem Holzkohlegrill grillen und dann kurz ruhen lassen. Anschließend in dünne Streifen schneiden.
6. Die Tortillas ebenfalls kurz grillen.
7. Einen Löffel Mais-Salsa auf eine Tortilla geben, mit ein paar Fleischstreifen, etwas saurer Sahne, Käse und ein paar Korianderzweiglein belegen.
8. Zur Hälfte aufrollen, dann die Seiten einklappen und fertig aufrollen.

Leilas Tipp: Vor dem Servieren von gebratenem Fleisch ist es wichtig, es kurz ruhen zu lassen. So verteilt sich der Saft wieder gleichmäßig im Fleisch, läuft beim Anschneiden nicht aus, und das Fleisch wird dadurch viel saftiger. Ich grille Fleisch immer leicht blutig und lasse es danach ruhen. Bei diesem Rezept ist es sehr wichtig, das Fleisch in dünne Streifen zu schneiden, damit es sich gut einrollen lässt. Das Rindfleisch kann auch durch Hähnchenbrustfilet ersetzt werden.

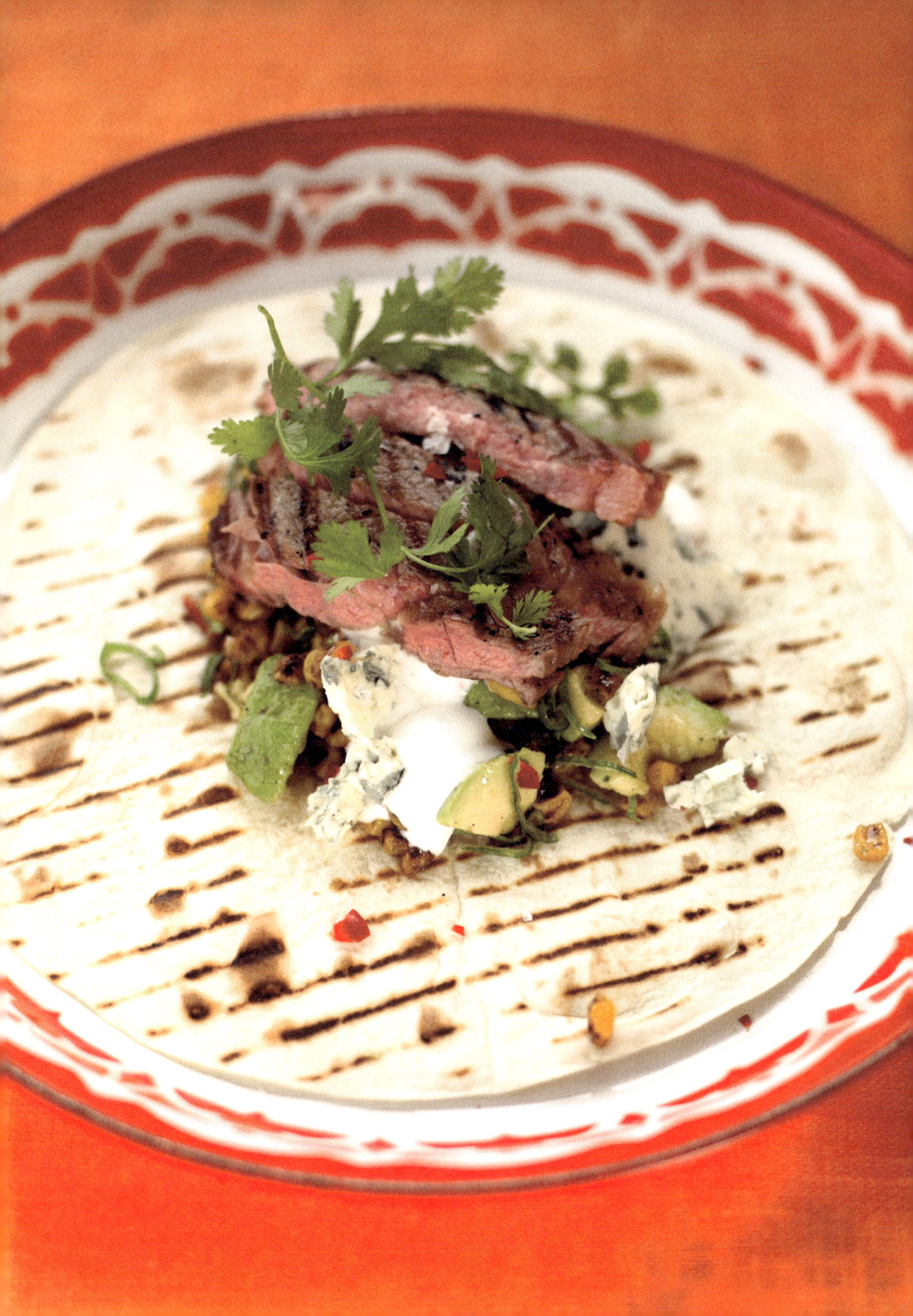

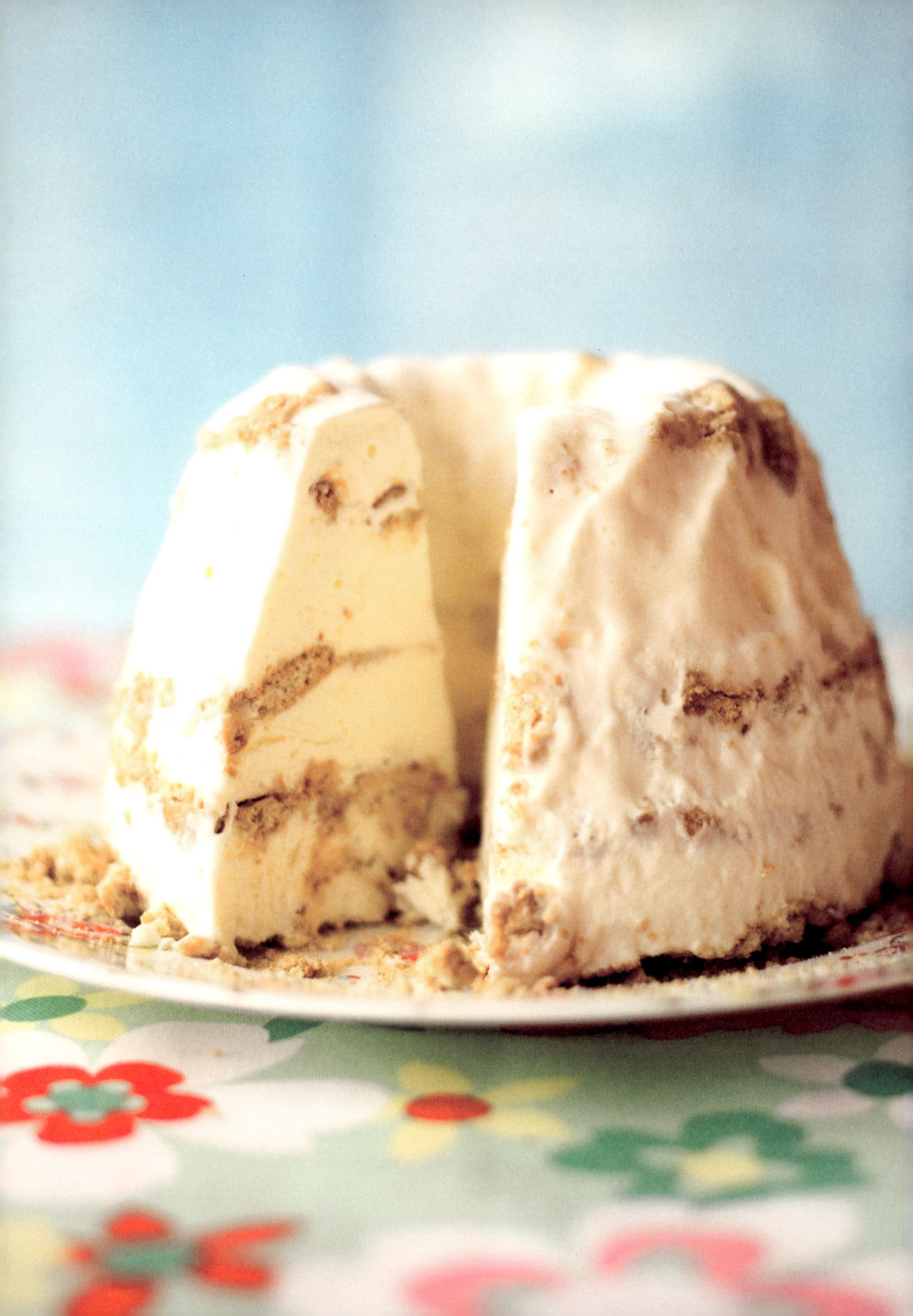

Frozen Cheesecake

FÜR 10 PORTIONEN

4 Eier
120 g Zucker
abgeriebene Schale von 1 Zitrone
200 g Doppelrahmfrischkäse
400 ml Schlagrahm
200 g Vollkornbutterkekse

1. Die Eier trennen.
2. Eigelbe, Zucker und abgeriebene Zitronenschale schaumig schlagen, dann den Frischkäse darunterrühren.
3. Den Rahm locker aufschlagen und unter die Käsemasse heben.
4. Die Eiweiße steif schlagen und vorsichtig unter die Masse heben.
5. Die Kekse in einem Frischhaltebeutel mit einem Nudelholz fein zerbröckeln. Keksbrösel und Käsemasse abwechselnd in eine Kuchenform schichten.
6. Etwa 3 Stunden ins Gefrierfach stellen, bis der Kuchen leicht gefroren ist.

Leilas Tipp: In einer Kuchenform eingefrorenes Eis lässt sich am besten herauslösen, indem die Form zunächst außen mit heißem Wasser abgebraust wird. Sie können den Frozen Cheesecake allerdings ebenso gut in einer Schüssel, einer Auflaufform oder einer Gefrierbox tiefkühlen. In diesem Fall zum Servieren einen Eisportionierer oder einen Löffel verwenden.

Devil's Food Chocolate Cake

ERGIBT 1 KUCHEN

200 g weiche Butter
240 g heller Muskovadozucker
100 ml heller Zuckerrübensirup
4 Eier
300 g Weizenmehl
60 g ungesüßtes Kakaopulver
3 TL Backpulver
2 TL Vanillezucker
1 TL Ingwerpulver
1 Prise Salz
300 ml Milch
200 g Zartbitterschokolade (70 %)
Butter für die Form

1. Den Backofen auf 180 Grad vorheizen.
2. Butter, Zucker und Sirup cremig rühren.
3. Die Eier trennen und die Eigelbe unter die Buttermasse rühren.
4. Mehl, Kakao, Backpulver, Vanillezucker, Ingwer und Salz in einer Schüssel mischen.
5. Die Milch und die trockenen Zutaten vorsichtig unter die Buttermasse rühren.
6. Die Schokolade im Wasserbad oder in der Mikrowelle schmelzen und unter den Teig rühren.
7. Die Eiweiße steif schlagen und vorsichtig unter den Teig heben.
8. Den Teig auf 3 eingebutterte Springformen (24 cm Durchmesser) verteilen und jeweils glatt streichen.
9. Die Tortenböden im vorgeheizten Ofen etwa 15 Minuten backen, dann abkühlen lassen.

SCHOKOLADENCREME

300 ml Schlagrahm
250 g Zartbitterschokolade (70 %)
1 TL weiche Butter

1. Den Rahm aufkochen, vom Herd nehmen und etwas abkühlen lassen.
2. Die Schokolade fein hacken und mit der Butter im Rahm schmelzen.
3. Einen Tortenboden mit der glatten Unterseite nach oben auf ein Kuchengitter setzen, mit einem Palettenmesser mit Schokoladencreme bestreichen und den zweiten Tortenboden ebenfalls mit der Unterseite nach oben darauflegen.
4. Wieder mit Creme bestreichen, dann den letzten Boden aufsetzen. Rundum mit Hilfe eines Palettenmessers mit Schokoladencreme bestreichen.

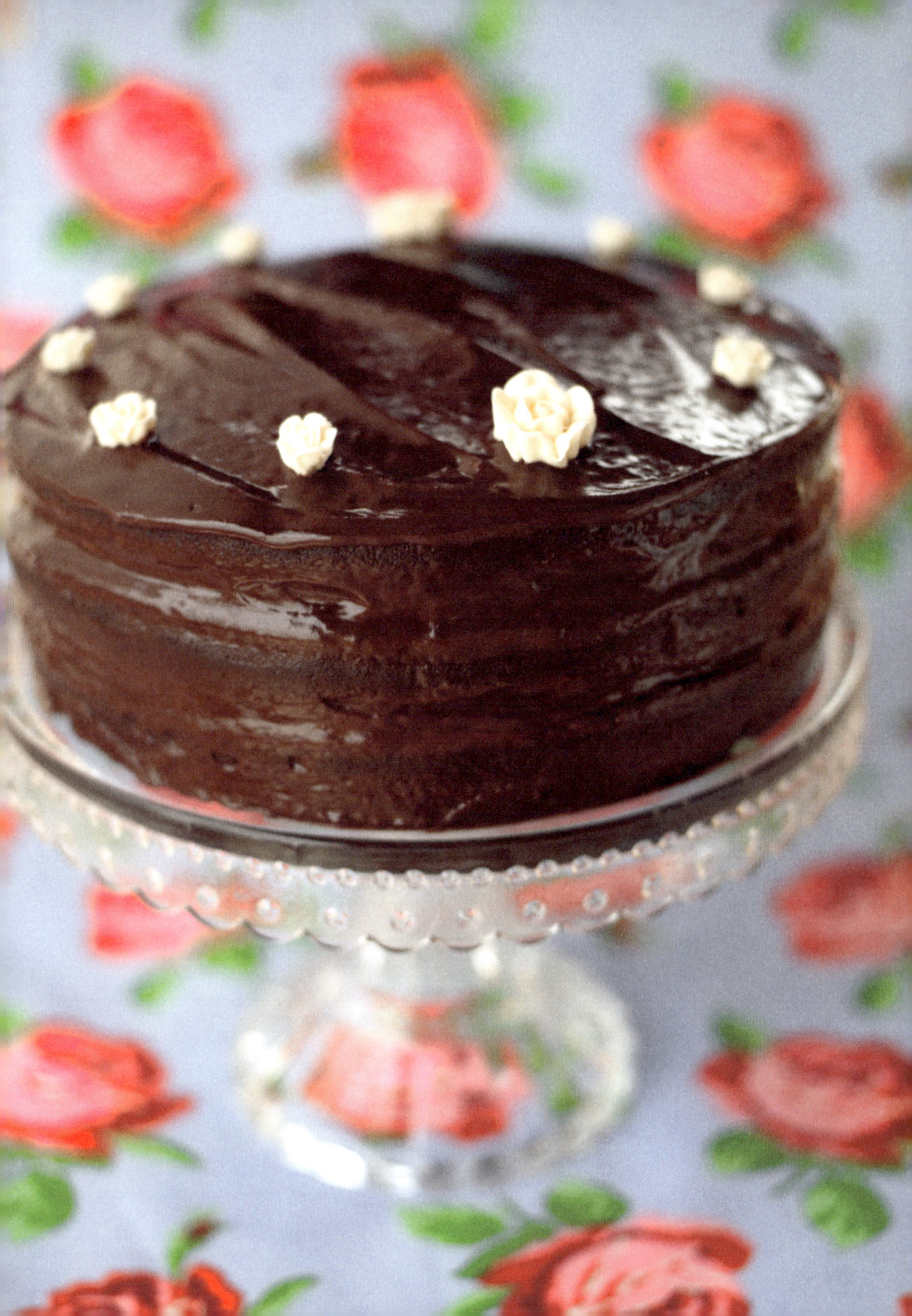

»Das nenne ich ›Kitchen-Kitsch‹ vom Feinsten. Elvis Presley wäre dieser
bunten kleinen Kalorienbombe bestimmt verfallen.«

Ginger Fudge Sundae mit bunten Schokolinsen

FÜR 4 PERSONEN

100 ml Milch
100 ml Schlagrahm
80 g Farinzucker
1 TL Ingwerpulver
1 EL Butter
150 g Vollmilchschokolade, fein gehackt
100 g bunte Schokolinsen (z.B. M&M's, Smarties)
60 g gesalzene Cashewkerne
1 kg weiches Vanilleeis
Belegkirschen zum Garnieren

1. Milch, Rahm, Zucker und Ingwerpulver etwa 1 Minute kochen.
2. Etwas abkühlen lassen, dann **Butter** und Schokolade darin schmelzen.
3. Die Schokolinsen und Cashewkerne grob hacken.
4. Ein paar Kugeln Eis in hübsche Serviergläser füllen, mit warmer Fudge-Sauce übergießen und mit Schokolinsen und Cashewkernen bestreuen, mit den Kirschen garnieren.

6: Grillvergnügen

Gibt es etwas Schöneres, als am ersten warmen Tag des Jahres den Grill einzuweihen? Grillabende haben etwas Besonderes, fast Magisches an sich. Ich grille auf allem, sei es ein kleiner Einweggrill oder ein echter Rolls Royce unter den Grills mit allen Schikanen, und wenn irgendwo zu einer Grillparty eingeladen wird, bin ich sofort dabei. Mein heißester Tipp für ein gelungenes Grillfest: Fleisch, Fisch und Meeresfrüchte in verschiedene Marinaden einlegen und die Gäste selbst nach Lust und Laune grillen lassen. Das macht richtig Spaß und ist auch für die Gastgeber ganz unkompliziert. An der heißen Kohle entzünden sich Fachsimpeleien übers richtige Grillen, und alle Gäste sind herrlich entspannt.

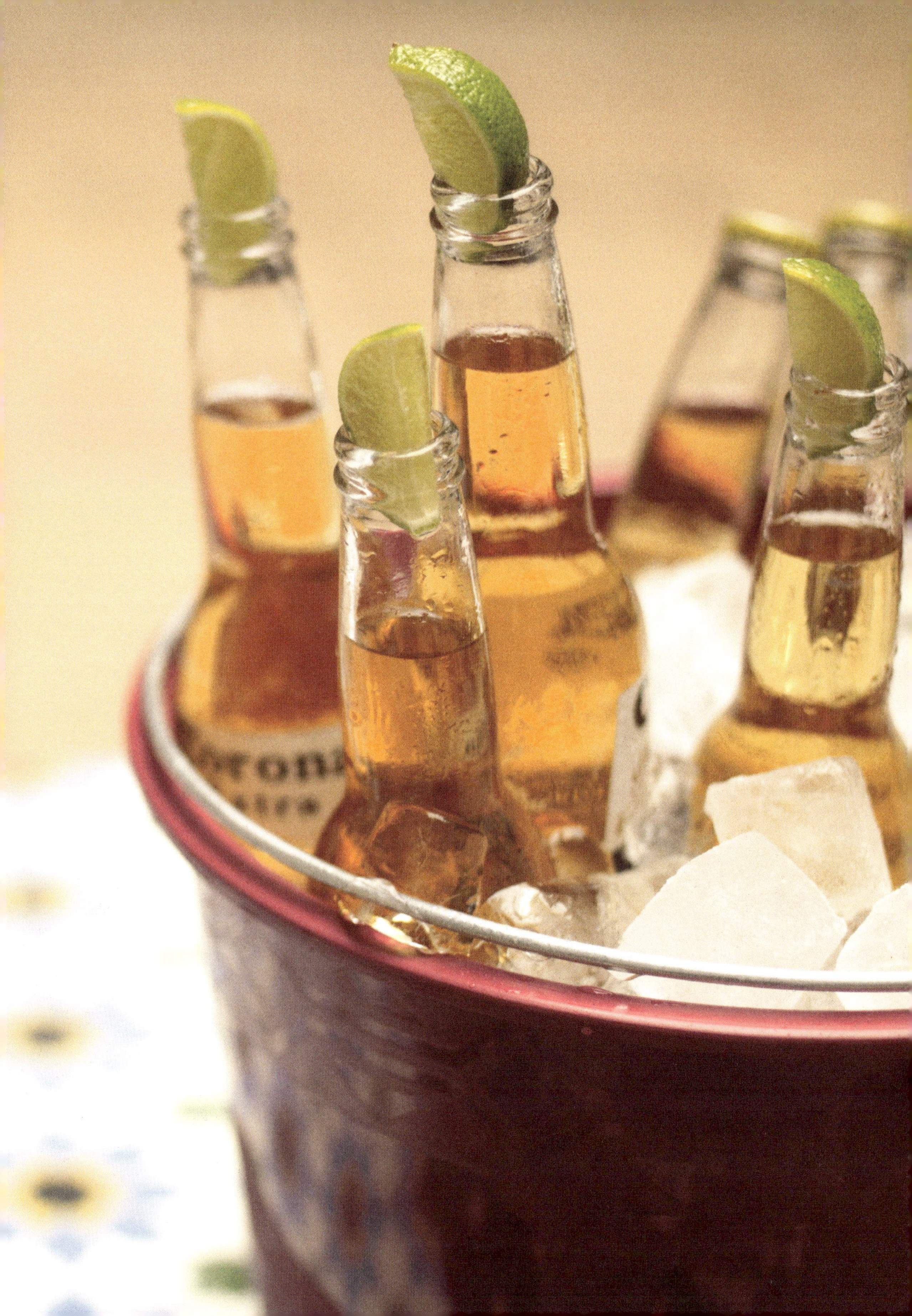

Granatapfel-Martini

FÜR 2 GLÄSER

1 Granatapfel
3 cl Zuckersirup (siehe Seite 131)
6 cl Wodka
8 cl Apfelsaft, am besten frisch gepresst
Eiswürfel
Granatapfelkerne und rote Rosenblätter als Garnitur

1. Den Granatapfel waagrecht halbieren und die Kerne herauslösen (siehe Tipp auf Seite 101).
2. Granatapfelkerne und Zuckersirup in einem Cocktailshaker zerstoßen.
3. Wodka, Apfelsaft und Eis hinzufügen und kräftig schütteln.
4. In Martinigläser abseihen und mit einem Rosenblatt und ein paar Granatapfelkernen garnieren.

Leilas Tipp: Dieser Drink schmeckt fantastisch – unbedingt probieren! Die Granatapfelkerne lassen sich leichter herauslösen, wenn man die Frucht halbiert und mit einem Holzlöffel an die Schale klopft, bis die Kerne herausfallen. Ich verwende am liebsten frisch gepressten Apfelsaft, doch mit gekauftem klappt es auch.

Blitzschneller Salat mit gegrillter Birne, Rohschinken und Blauschimmelkäse

FÜR 4 PERSONEN

2 feste Birnen
hochwertiges Olivenöl extravergine
Meersalz, schwarzer Pfeffer aus der Mühle
150 g Rucola
150 g Blauschimmelkäse
150 g Parmaschinken
1 EL Balsamicoessig

1. Die Birnen waschen, entkernen und in Scheiben schneiden. Die Scheiben in etwas Olivenöl, Salz und Pfeffer wenden.
2. Die Birnenscheiben in einer sehr heißen, trockenen Grillpfanne oder auf dem Holzkohlegrill grillen.
3. Den Rucola auf einem großen Servierteller verteilen und mit den Birnen belegen.
4. Den Käse in dünne Scheiben schneiden und mit dem Schinken auf dem Salat verteilen.
5. Mit etwas Olivenöl und Essig beträufeln und mit Salz und Pfeffer würzen.

Leilas Tipp: Mein persönlicher Favorit ist der schwedische Blauschimmelkäse der Marke Kvibille. Sein Geschmack ist unvergleichlich, und er eignet sich auch sehr gut zum Kochen.

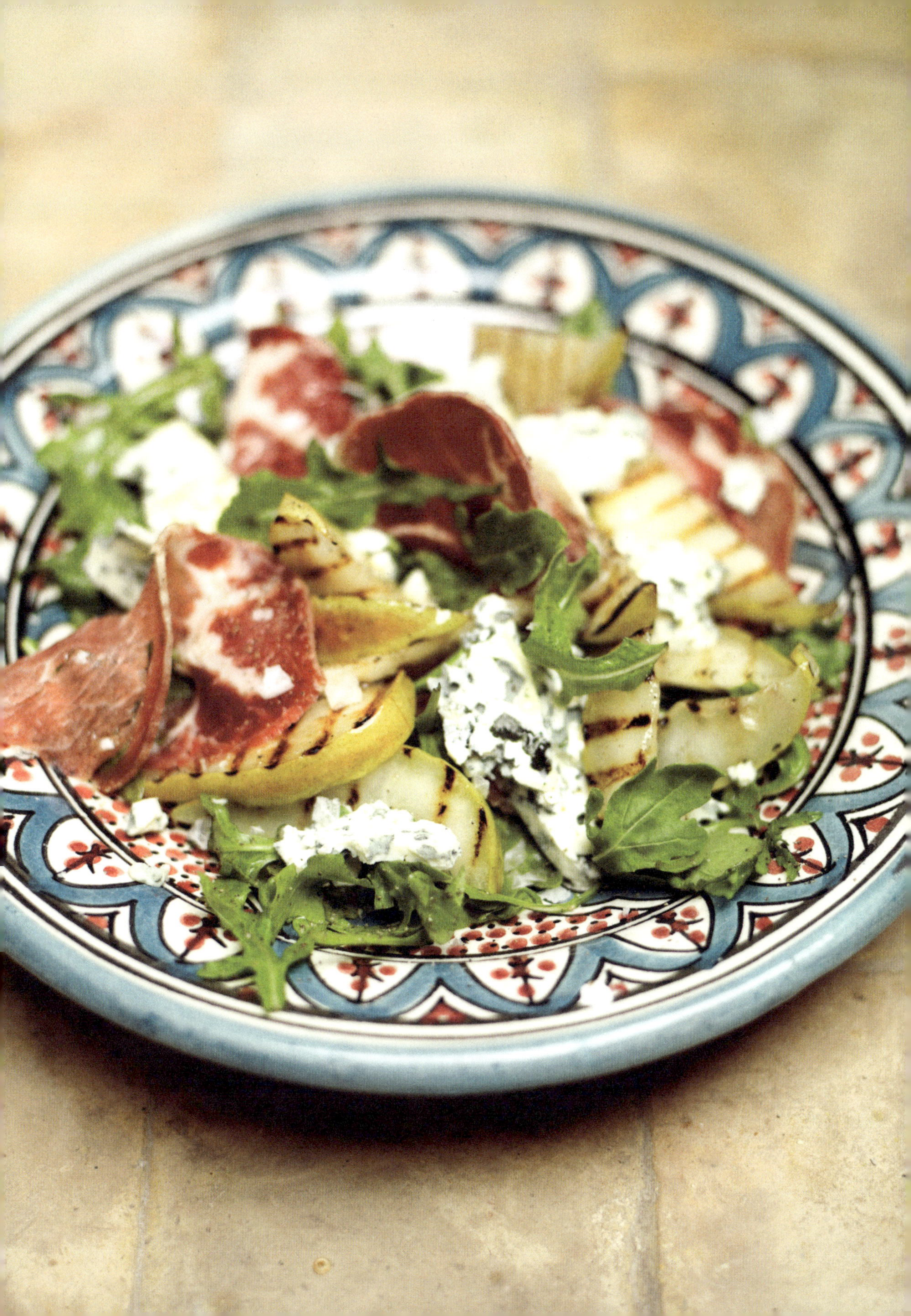

Gebratene Oliven mit Harissa und Zitrone

FÜR 4 PERSONEN

1 EL Olivenöl
1 Knoblauchzehe, fein geschnitten
1 TL Harissa (scharfe nordafrikanische Chilipaste)
400 g gemischte Oliven
1 unbehandelte Zitrone

1. Das Olivenöl in einer Pfanne hoch erhitzen, Knoblauch, Harissa und Oliven darin anbraten.
2. Die Zitrone abwaschen und von der äußeren gelben Schale mit einem Sparschäler dünne Streifen abschneiden.
3. Alles auf einem Servierteller anrichten und heiß oder zimmerwarm servieren.

Gegrillte Avocado mit Garnelendip

FÜR 4 PERSONEN

300 g gekochte ausgelöste Garnelen
6 Frühlingszwiebeln, in feine Ringe geschnitten
1 Stängel Zitronengras, fein gehackt
½ Bund frischer Koriander, gehackt
Saft von 1 Limette
100 g Mayonnaise
Meersalz, schwarzer Pfeffer aus der Mühle
2 Avocados
fein geschnittene milde rote Chili zum Garnieren

1. Die Garnelen mit Frühlingszwiebeln, Zitronengras, Koriander, Limettensaft und Mayonnaise mischen, mit Salz und Pfeffer abschmecken.
2. Die Avocados längs halbieren und entkernen, nicht schälen. Mit der Schnittseite nach unten in einer heißen Grillpfanne oder auf dem Holzkohlegrill grillen.
3. Den Garnelendip mit Chili garnieren und die Avocados heiß mit dem Dip servieren.

Marokkanische Lammburger

FÜR 4 PERSONEN

600 g gehacktes Lammfleisch
1 Knoblauchzehe, fein gehackt
½ milde rote Chili, entkernt, fein gehackt
2 TL gemahlener Kreuzkümmel
1 TL Paprikapulver edelsüß
Meersalz, schwarzer Pfeffer aus der Mühle
hochwertiges Olivenöl extravergine

KNOBLAUCHBUTTER

2 EL weiche Butter
1 Bund frische Petersilie, gehackt
2 Knoblauchzehen, gehackt

1 Aubergine, in Scheiben geschnitten
1 Fleischtomate, in Scheiben geschnitten
4 Pitabrote
200 g Fetakäse, in dünnen Scheiben
1 Salatherz

1. Das Hackfleisch mit Knoblauch und Chili mischen. Die Gewürze und 2 Esslöffel Olivenöl darunterrühren und die Masse zu Burgern formen.
2. Die Butter mit Petersilie und Knoblauch mischen und leicht salzen.
3. Auberginen- und Tomatenscheiben mit etwas Öl bestreichen und mit Salz und Pfeffer würzen.
4. Das Brot aufschneiden, innen mit Knoblauchbutter bestreichen und mit Fetascheiben belegen.
5. Das Brot, die Burger sowie Auberginen- und Tomatenscheiben grillen.
6. Die Pitabrote jeweils mit einem Burger, Aubergine, Tomate und Salatblättern füllen.

Leilas Tipp: Man kann die Pitabrote schon vor dem Grillen vorbereiten (Schritt 4), dann in Frischhaltefolie einschlagen, damit sie nicht trocken werden.

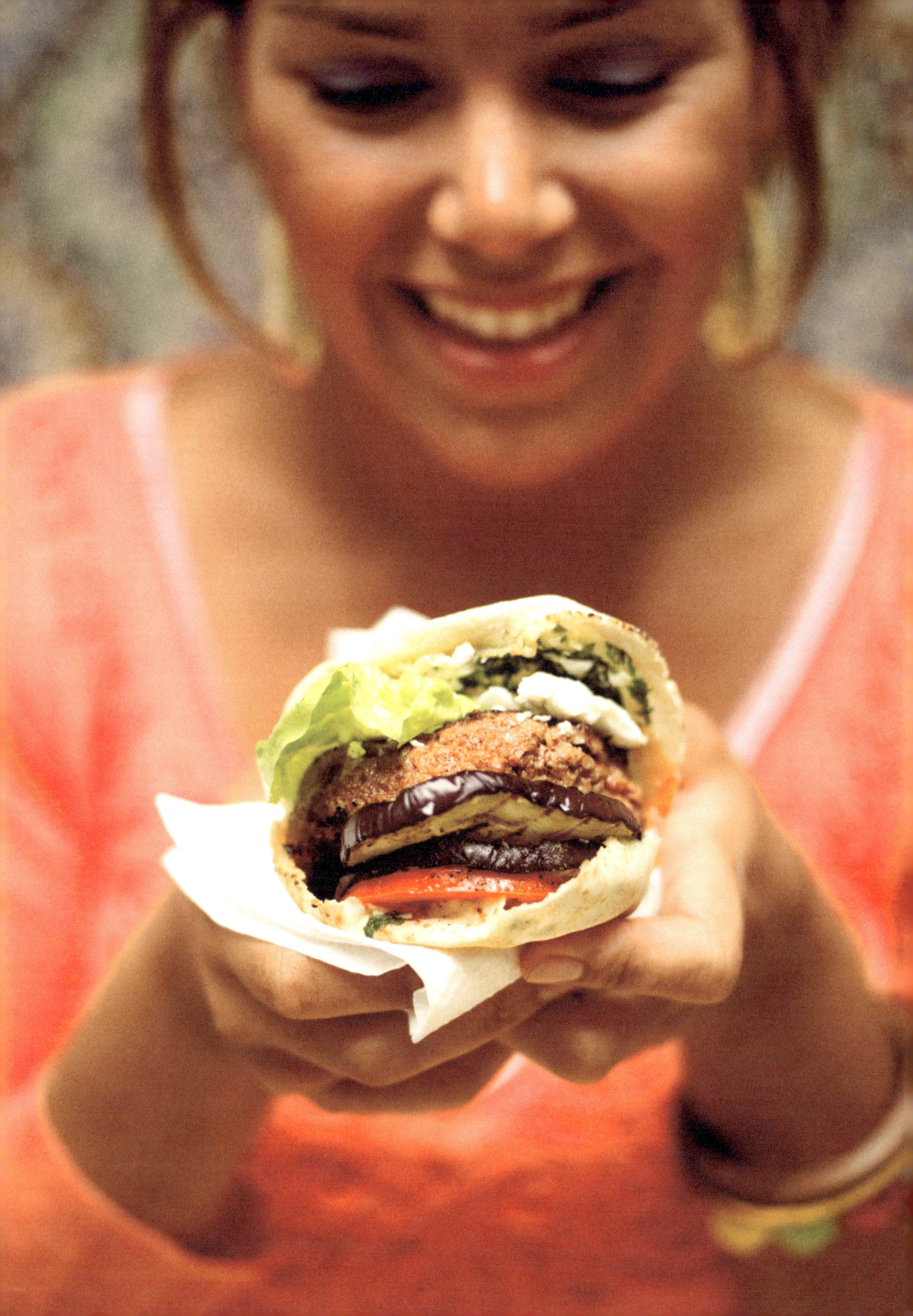

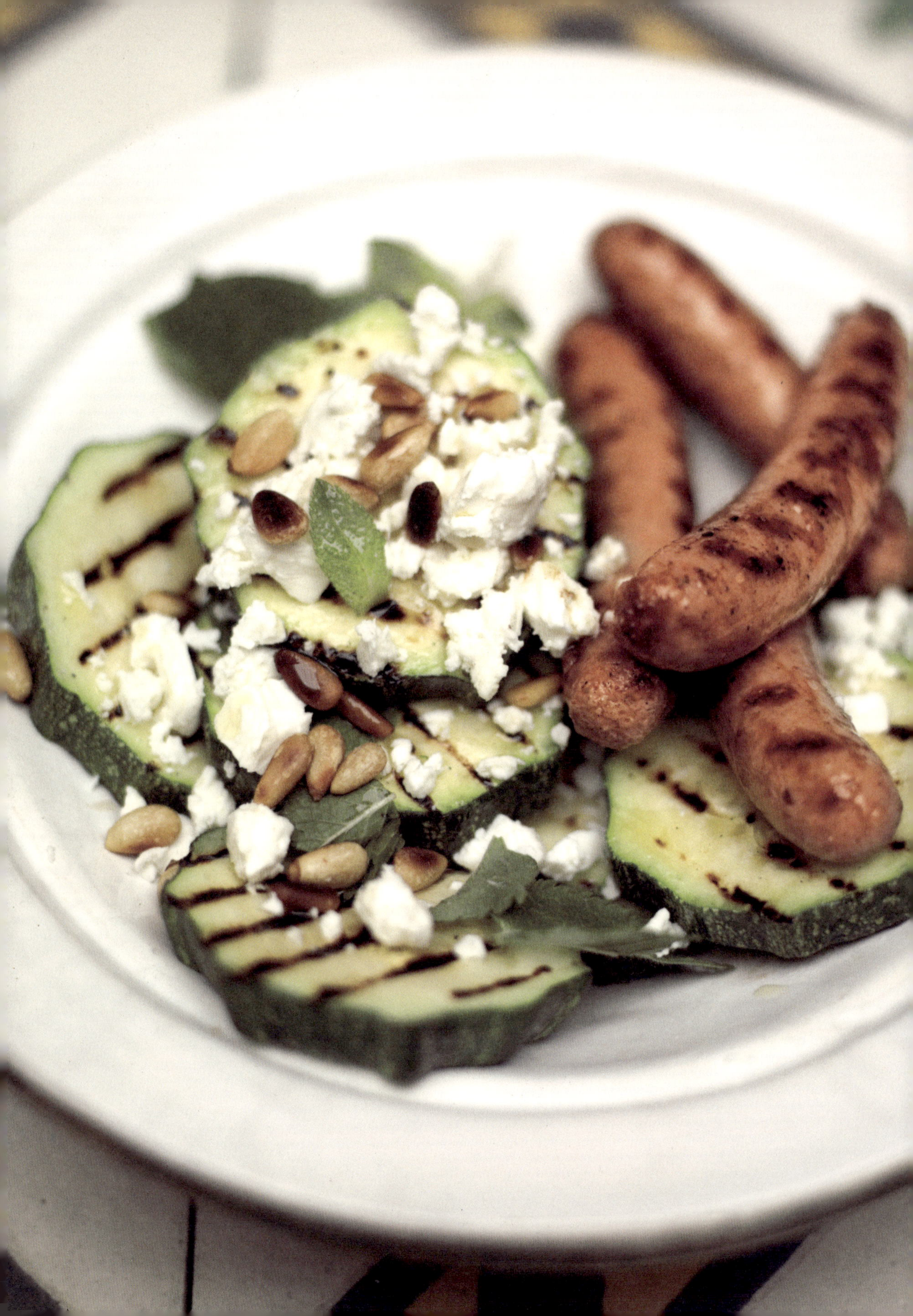

Lammwürstchen mit gegrillten Zucchini

FÜR 4 PERSONEN

2 Zucchini
hochwertiges Olivenöl extravergine
Meersalz, schwarzer Pfeffer aus der Mühle
100 g Pinienkerne
600 g Lamm-Merguez (scharfe Lammbratwurst) oder andere würzige Bratwurst
200 g frischer Ziegenkäse, zerbröckelt
1 Bund frische Minze
1 EL Balsamicoessig

1. Die Zucchini in Scheiben schneiden und in etwas Olivenöl, Salz und Pfeffer wenden.
2. Die Pinienkerne in einer trockenen Pfanne rösten.
3. Zucchini und Würstchen grillen, dann auf einen Teller legen.
4. Ziegenkäse und Minze darüber verteilen, mit etwas Olivenöl und Balsamicoessig beträufeln und mit gerösteten Pinienkernen bestreuen.

Leilas Tipp: Viele Grillfans schwören auf Bratwürste, die es in vielen verschiedenen Varianten zu kaufen gibt. Ich bevorzuge frische Würste und mag marokkanische Lamm-Merguez und spanische Chorizo am liebsten.

Leilas Tipp: Eine gute Idee für ein romantisches Abendessen: ein paar Rosenblätter und -blüten mit in den Weinkühler geben. Auch auf einer Hochzeit oder einem großen Fest macht das viel her. Schön sind überdies ein paar verstreute Rosenblätter auf dem Tisch.

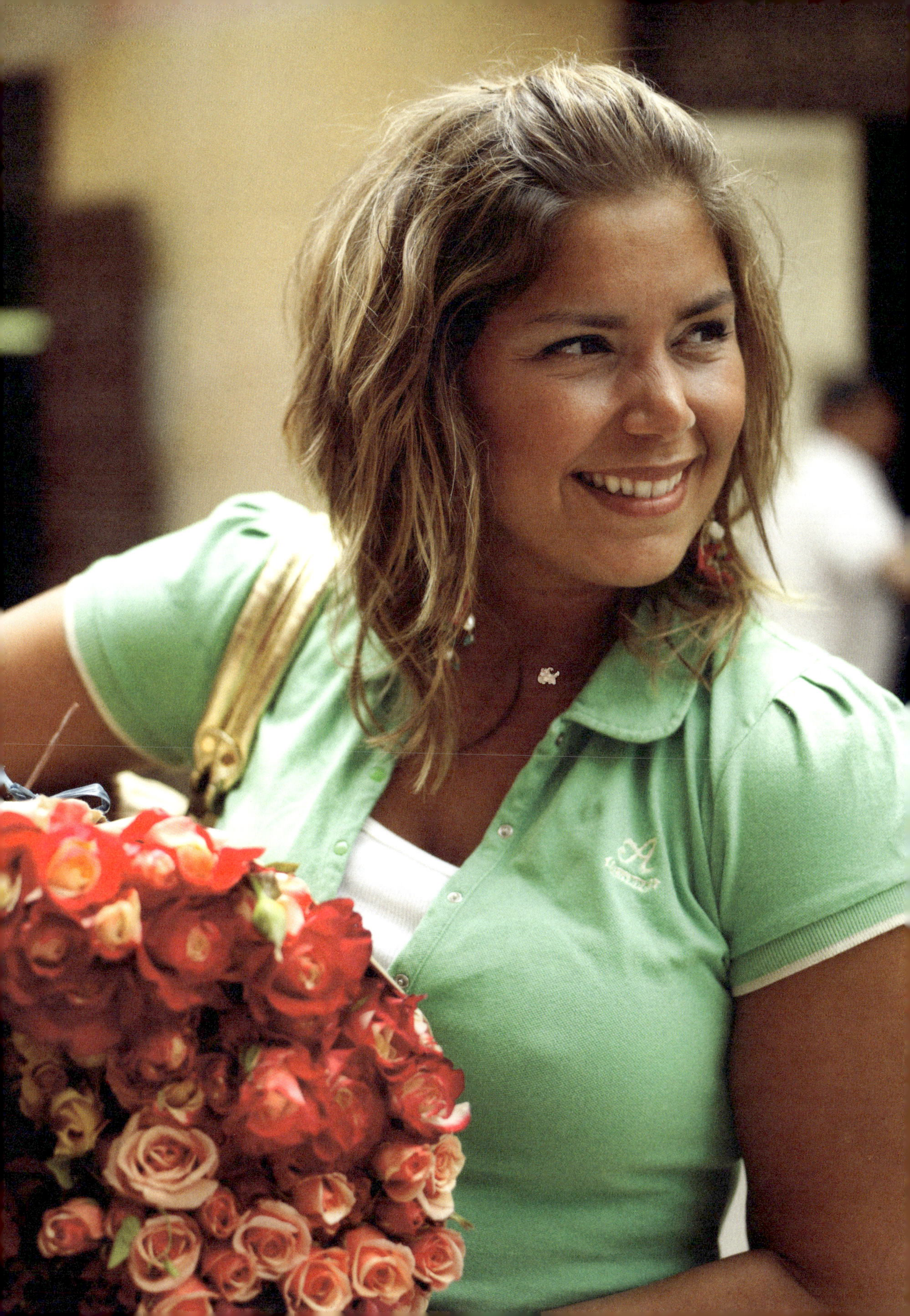

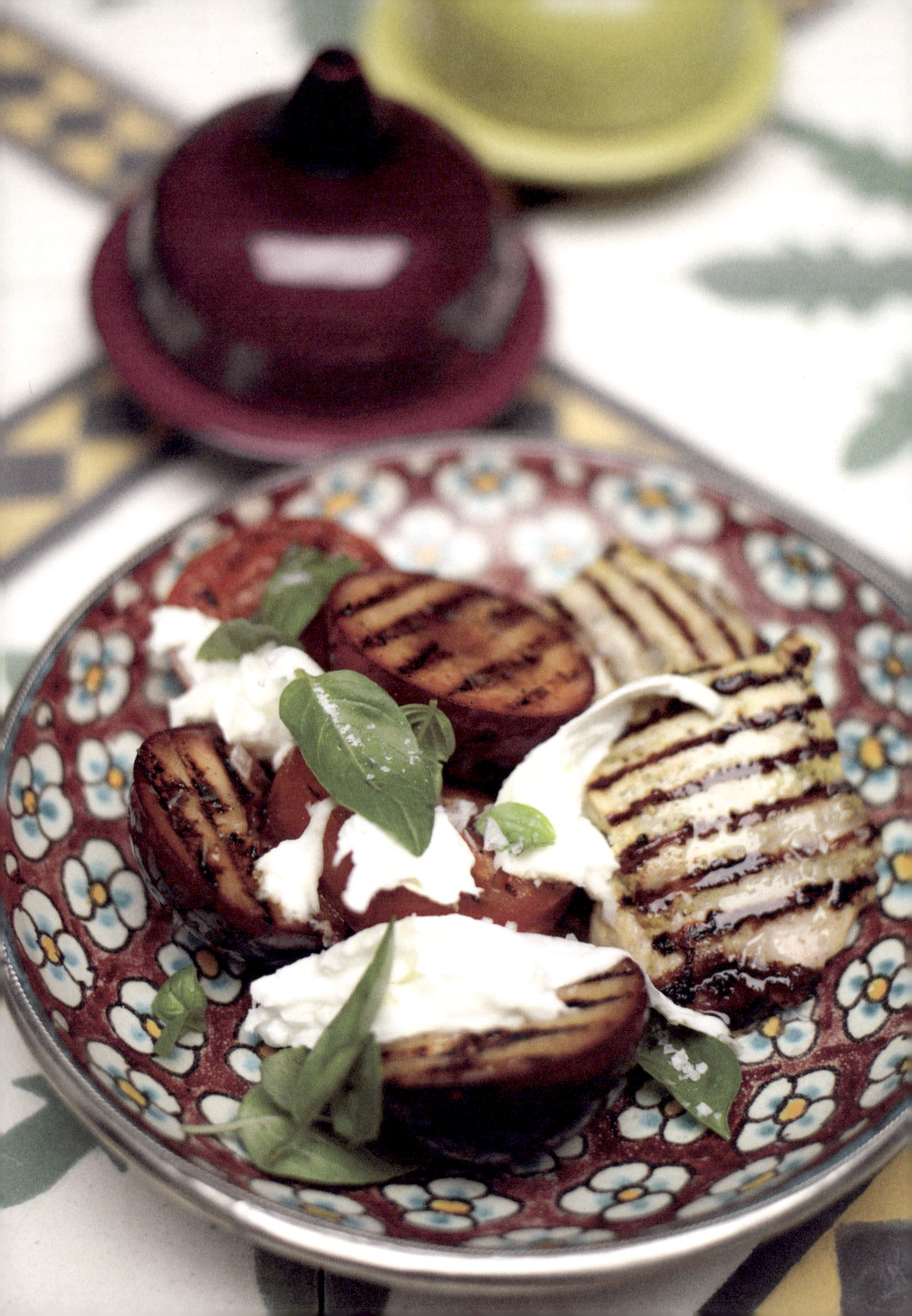

Joghurthühnchen mit gegrilltem Steinobst

FÜR 4 PERSONEN

450 g Hühnerschenkelfilets
200 g griechischer Joghurt
2 TL Garam Masala
½ TL Kurkuma
1 Knoblauchzehe, gerieben
1 Stück frischer Ingwer, gerieben
abgeriebene Schale von 1 Limette

GEGRILLTE TOMATEN UND OBST

4 Pflaumen
4 Nektarinen
6 Tomaten
1 EL Zucker
hochwertiges Olivenöl extravergine
Meersalz, schwarzer Pfeffer aus der Mühle
125 g Büffelmozzarella
1 Bund frisches Basilikum

1. Den Joghurt mit Gewürzen, Knoblauch, Ingwer und Limettenschale mischen und das Hühnerfleisch darin etwa 10 Minuten marinieren
2. Pflaumen und Nektarinen halbieren und entsteinen, die Tomaten halbieren. Alles in Zucker, etwas Olivenöl, Salz und Pfeffer wenden.
3. Das Fleisch aus der Marinade heben und von beiden Seiten grillen. Obst und Tomaten mit der Schnittseite nach unten grillen.
4. Obst, Tomaten, Büffelmozzarella und Basilikumblätter übereinanderschichten und zum Fleisch servieren.

Gut zu wissen: *Zum Steinobst zählt man Früchte wie Pflaumen, Kirschen, Nektarinen und Pfirsiche, die allesamt einen rundlichen, sehr harten Kern besitzen.*

Mein Lieblingserdbeerdessert mit Vanilleeis

FÜR 4 PERSONEN

1 Handvoll rote Johannisbeeren
1 kg Erdbeeren
½ TL schwarze Kardamomkerne
3 EL Balsamicoessig
2 EL brauner Zucker
4 Kugeln Vanilleeis

1. Die Johannisbeeren von den Rispen streifen, die Erdbeeren halbieren.
2. Die Kardamomkerne in einem Mörser zerstoßen.
3. Die Früchte mit Essig, Zucker und Kardamom mischen. Mit dem Vanilleeis servieren.

Das schnellste Dessert der Welt

FÜR 4 PERSONEN

500 g Himbeersorbet
1 Bund frisches Basilikum

Den Basilikum hacken und mit dem Sorbet mischen – fertig!

»Ich grille oft spontan und mariniere das Fleisch dann nur kurz. Natürlich schmeckt es noch etwas besser, wenn es über Nacht im Kühlschrank richtig durchziehen kann, aber kurz mariniert und direkt gegrillt wird es ebenfalls köstlich.«

Meine besten Grillmarinaden

MAROKKANISCHE MARINADE

1 Bund frische Petersilie, fein gehackt
1 Bund frischer Koriander, fein gehackt
3 Knoblauchzehen, gepresst
abgeriebene Schale und Saft von
    1 Zitrone
1 EL flüssiger Honig
3 EL Olivenöl
1 Prise Safranfäden
2 TL gemahlener Kreuzkümmel
Meersalz, schwarzer Pfeffer aus der
    Mühle

Alle Zutaten verrühren.

Toll zu Schweine-, Rind- und Hühnerfleisch.

MEINE GREMOLATA-MARINADE

2 EL Fenchelsamen
1 Bund frische Petersilie, fein gehackt
3 Rosmarinzweige, fein gehackt
2 Knoblauchzehen, gepresst
abgeriebene Schale von 1 Zitrone und
    Saft von ½ Zitrone
2 EL flüssiger Honig
3 EL Olivenöl extravergine
Meersalz, schwarzer Pfeffer aus der
    Mühle

1. Die Fenchelsamen in einem Mörser zerstoßen, mit den Kräutern, Knoblauch und Zitrone mischen.
2. Honig, Olivenöl und Gewürze darunterrühren.

Toll zu Schweine- und Hühnerfleisch sowie Fisch und Meeresfrüchten.

SUPERSCHNELLE SÜSSE CHILIMARINADE

3 EL süße Chilisauce
2 EL japanische Sojasauce
2 Knoblauchzehen, gepresst
1 Stück frischer Ingwer, gerieben

Alle Zutaten verrühren.

Toll zu Riesengarnelen, Schweine- und Hühnerfleisch.

THAILÄNDISCHE KOKOSMARINADE

5 Kaffirlimettenblätter, fein gehackt
3 Stängel Zitronengras, fein gehackt
1 milde rote Chili, in Ringe geschnitten
2 Knoblauchzehen, in Scheiben
    geschnitten
abgeriebene Schale von 1 Limette
1 EL Zucker
2 TL Fischsauce
100 ml Kokosmilch

Alle Zutaten verrühren.

Toll zu Rind- und Hühnerfleisch sowie Fisch und Meeresfrüchten.

KOREANISCHE BARBECUE-GLASUR

2 Knoblauchzehen, zerdrückt
2 Stücke frischer Ingwer, gerieben
3 EL Ketchup
3 EL japanische Sojasauce
2 EL flüssiger Honig
1 EL Sesamöl
2 EL Sesamsaat

Alle Zutaten verrühren.

Toll zu Schweine-, Hühner- und Rindfleisch.

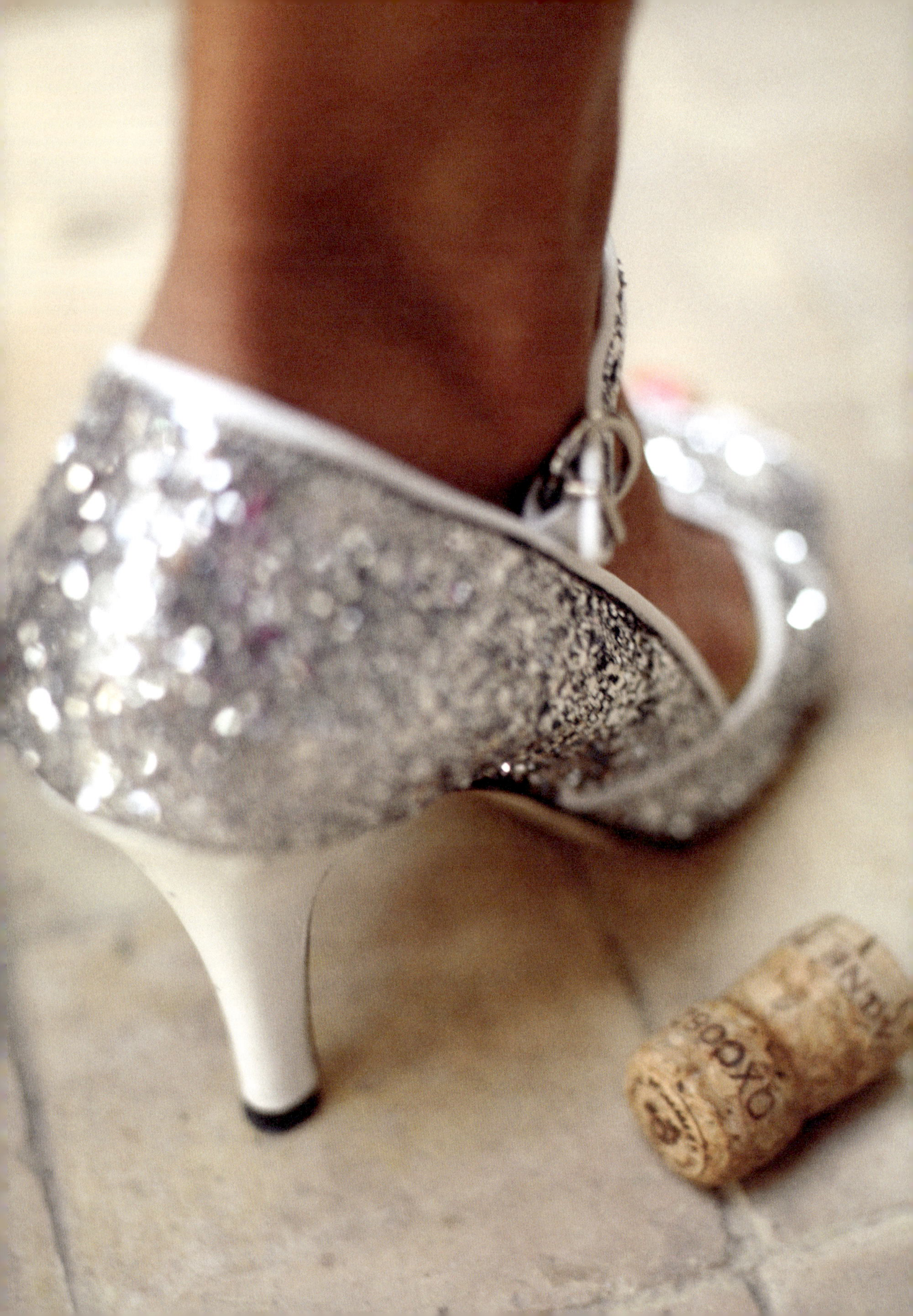

7: Cocktail de luxe

Oft fragen mich Freunde, die ein Fest ausrichten möchten, ob ich nicht ein paar Tipps für leckere Häppchen zu den Drinks habe. Wenn man eine Party veranstaltet, sollte die Essenszubereitung nicht zu viel Zeit in Anspruch nehmen. Als Gastgeber oder Gastgeberin möchte man ja auch mitfeiern und nicht die ganze Zeit in der Küche schwitzen. Abstriche bei der Qualität oder beim Glamourfaktor muss man deshalb aber keinesfalls machen. Im Folgenden finden Sie Rezepte für kleine, luxuriöse Partysnacks und meine Lieblingscocktails. Mehr braucht man nicht für eine gelungene Party mit Glamourfaktor.

Caipirinha

FÜR 2 GLÄSER

2 Limetten
5 EL brauner Zucker
3 cl Zuckersirup (siehe Seite 131)
Eiswürfel
12 cl Cachaça (brasilianischer Zuckerrohrschnaps)

1. Die Limetten in Spalten schneiden und mit Zucker und Sirup in einem Cocktailshaker zerstoßen.
2. Mit Eiswürfeln und Zuckerrohrschnaps auffüllen und schütteln.
3. Den Cocktail in Trinkgläser füllen und servieren.

Leilas Tipp: Dieser beliebte Cocktail stammt aus Brasilien und wird in Rio de Janeiro an Straßenständen verkauft. Am besten schmeckt er mit Cachaça, doch weißer Rum ist auch nicht übel.

Leilas Tipp: Ein toller, blitzschneller Snack zu alkoholischen Getränken ist ein Stück Fetakäse bester Qualität, angerichtet mit etwas hochwertigem Olivenöl, frischen Feigen, Minze und frisch gemahlenem schwarzem Pfeffer. Dazu servieren Sie etwas gegrilltes Brot oder knusprige Cracker und lassen die Gäste sich selbst bedienen.

Jakobsmuscheln mit brasilianischer Salsa

FÜR 6 PERSONEN

6 große frische Jakobsmuscheln
hochwertiges Olivenöl extravergine
Meersalz, schwarzer Pfeffer aus der Mühle

BRASILIANISCHE SALSA

2 Tomaten
1 Mango
1 Avocado
1 milde rote Chili, entkernt, fein gehackt
½ Knoblauchzehe, fein gehackt
1 Bund frischer Koriander, fein gehackt
Saft von 1 Limette und ½ Orange
2 EL flüssiger Honig
2 EL hochwertiges Olivenöl extravergine
Salz, Pfeffer aus der Mühle

1. Die Jakobsmuscheln mit etwas Olivenöl, Salz und Pfeffer einreiben. In einer sehr heißen, trockenen Grillpfanne kurz glasig braten, dann bei Zimmertemperatur ruhen lassen.
2. Inzwischen die Salsa zubereiten: Die Tomaten entkernen. Die Mango schälen und das Fleisch vom Stein schneiden. Die Avocado schälen und entkernen. Tomaten, Mango und Avocado fein würfeln.
3. In einer Schüssel mit Chili, Knoblauch und Koriander mischen. Mit Zitronensaft, Honig, 2 Esslöffeln Olivenöl, Salz und Pfeffer abschmecken.
4. Die Salsa auf Muschelschalen oder andere Schalen verteilen und mit je einer Jakobsmuschel krönen.

Leilas Tipp: Erhitzen Sie die Grillpfanne wirklich sehr stark, damit die Jakobsmuscheln nicht daran haften bleiben. Eine gusseiserne Pfanne niemals mit Spülmittel reinigen. Wenn Bratreste richtig festsitzen, den Pfannenboden lieber mit feinkörnigem Salz bedecken und ein Weilchen auf dem Herd erhitzen. Das Salz zieht Schmutz und Fett aus der Pfanne.

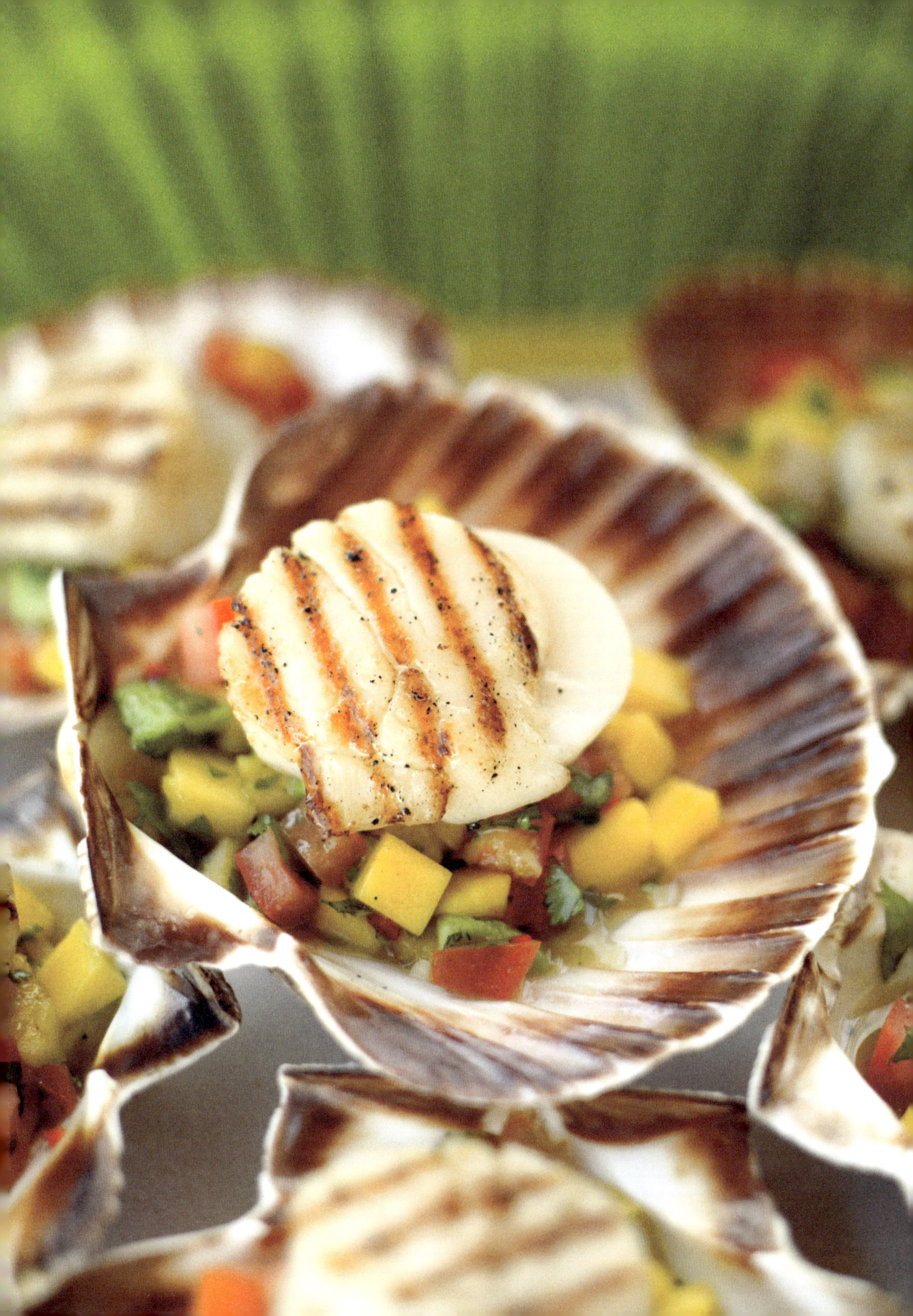

Himbeer-Zimt-Mojito

FÜR 2 GLÄSER

1 Limette
60 g tiefgekühlte Himbeeren
5 cl Zuckersirup (siehe Seite 131)
1 Bund frische Pfefferminze
10 cl weißer Rum
Eiswürfel
1 EL Zucker
1 TL Zimt
5 cl Sprite

1. Die Limette in Spalten schneiden und mit tiefgekühlten Himbeeren, Zuckersirup und Minze in einem Cocktailshaker zerstoßen.
2. Rum und Eis hinzufügen und kräftig schütteln.
3. Zucker und Zimt auf einem Teller mischen.
4. Den Glasrand mit einer Limettenspalte befeuchten und die Gläser dann kopfüber in den Zimtzucker tauchen.
5. Den Drink auf die Gläser verteilen und bis zum Rand mit Sprite auffüllen.

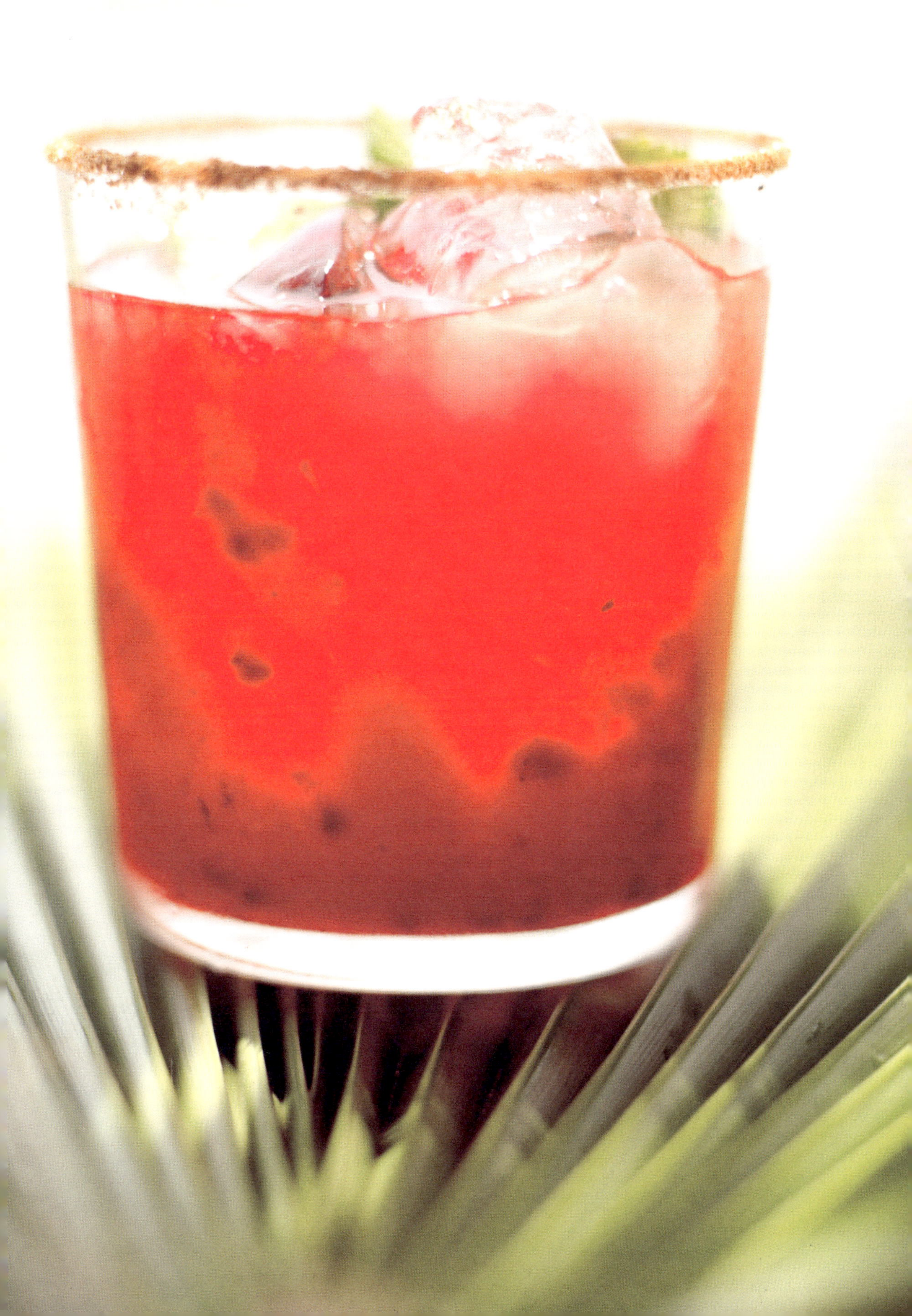

Leilas Partytipp: Sicher sind Sie auch schon auf einer Party auf der Suche nach Ihrem Glas umhergeirrt, und sicher hatten Sie auch schon Mühe, sich die vielen neuen Namen zu merken. Die Lösung für beides und mein ultimativer Tipp für alle Gastgeber, die anschließend nicht Unmengen an Gläsern spülen möchten, lautet daher, die Gläser mit kleinen Namensschildchen zu versehen. So benutzen die Gäste den ganzen Abend nur ein Glas, finden es immer wieder und erfahren auch sofort die Namen der anderen Gäste.

Gänseleber-Crostini

ERGIBT 12 STÜCK FÜR 6 PERSONEN

Marinierte Äpfel
80 g Zucker
100 ml Wasser
Saft von 1 Zitrone und 2 Limetten
2 EL hochwertiges Olivenöl extravergine
2 Granny-Smith-Äpfel

½ Baguette
2 EL Butter, zerlassen
1 EL hochwertiges Olivenöl extravergine
Meersalz
240 g Gänseleberparfait in dünnen Scheiben

1. Den Backofen auf 200 Grad vorheizen.
2. Zucker und Wasser aufkochen, abkühlen lassen und mit Zitrussaft und Olivenöl abschmecken.
3. Die Äpfel entkernen, in hauchdünne Scheiben schneiden und in die Marinade legen.
4. Das Baguette in 1 cm dicke Scheiben schneiden und mit zerlassener Butter und Olivenöl bestreichen. Zurückhaltend salzen.
5. Die Brotscheiben im vorgeheizten Ofen goldbraun rösten und abkühlen lassen.
6. Jede Brotscheibe mit einer Scheibe Gänseleberparfait belegen und mit ein paar marinierten Apfelscheiben krönen.

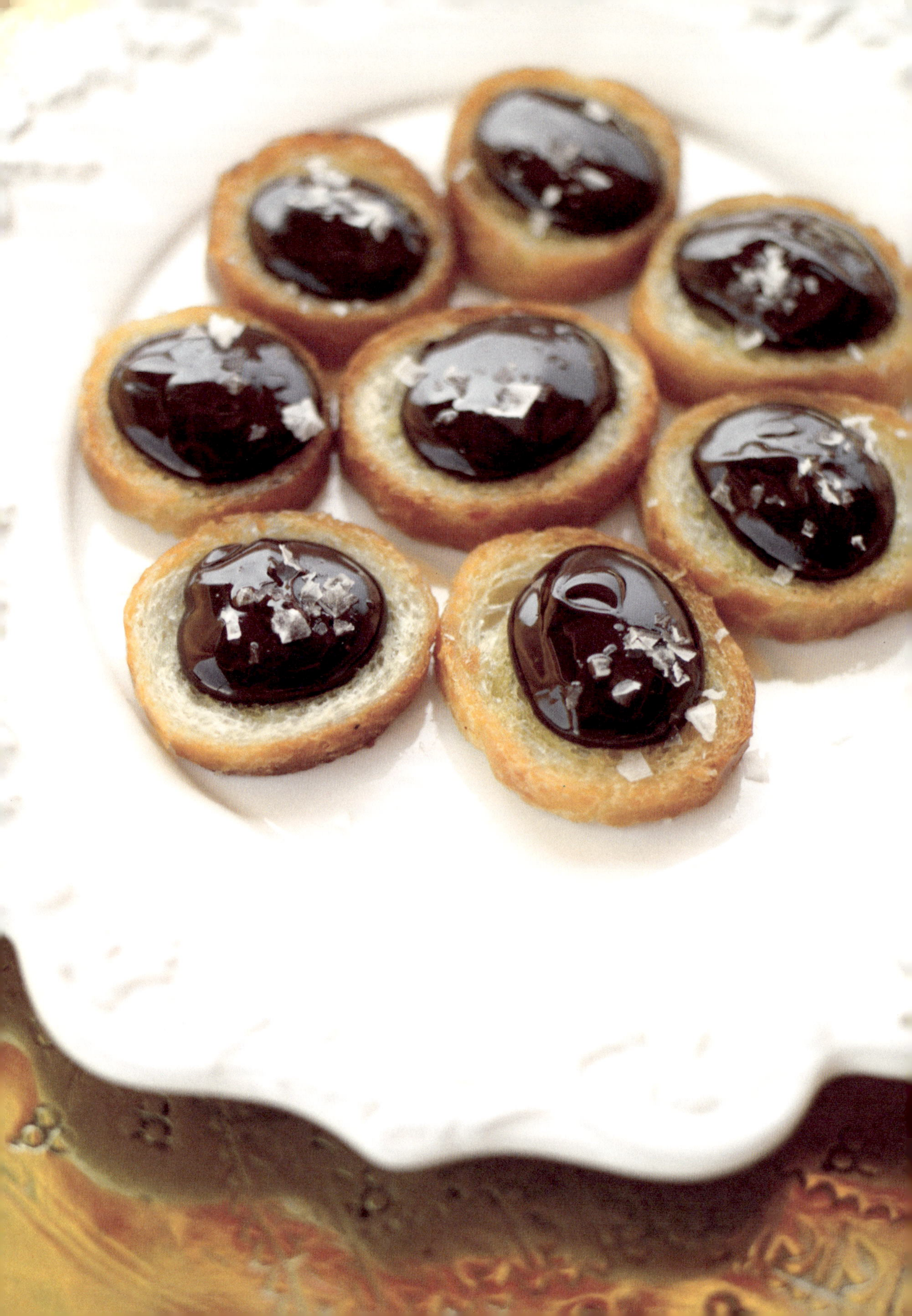

Pan con chocolate

ERGIBT 12 STÜCK FÜR 6 PERSONEN

SCHOKOLADENCREME
100 g Zartbitterschokolade (70 %)
180 ml Schlagrahm
1 EL Honig
½ EL Butter
1 Prise Chiliflocken

½ Baguette
2 EL Butter, zerlassen
hochwertiges Olivenöl extravergine
Meersalzflocken zum Garnieren

1. Den Backofen auf 200 Grad vorheizen.
2. Die Schokolade in der Küchenmaschine fein hacken.
3. Rahm und Honig aufkochen, zur Schokolade geben und weiter pürieren.
4. Butter und Chili hinzufügen und so lange weiter mixen, bis die Schokoladencreme ganz glatt ist.
5. Das Baguette in 1 cm dicke Scheiben schneiden und mit zerlassener Butter und Olivenöl bestreichen. Zurückhaltend salzen.
6. Die Brotscheiben im vorgeheizten Ofen goldgelb rösten und abkühlen lassen.
7. Einen Klacks Schokoladencreme auf jede Baguettescheibe geben, mit etwas Olivenöl beträufeln und mit Meersalzflocken bestreuen.

Leilas Tipp: Diese fantastischen Schokoladen-Crostini gehören zu meinen absoluten Knabberfavoriten. Olivenöl, Schokolade und Meersalzflocken sind als süß-salzige Geschmackskombination einfach umwerfend. Genießen Sie diese Köstlichkeit zu fruchtigem Schaumwein … and live the dream!

Leilas Tipp: Eine lustige und etwas andere Art, Sekt zu servieren, sind Piccolo-Flaschen mit Strohhalm! Es gibt speziellen Sekt mit etwas weniger Druck in der Flasche und reduzierter Kohlensäure, der sich perfekt zum Schlürfen mit dem Strohhalm eignet. Außerdem benötigt man so keine Sektgläser, die schnell zu Bruch gehen können.

Zuckersirup

GRUNDREZEPT

1 Teil Wasser
2 Teile Zucker

1. Wasser und Zucker aufkochen und abkühlen lassen.
2. In einem luftdicht verschließbaren Gefäß aufbewahren.

Frische Pfirsiche mit Pata negra

ERGIBT 12 STÜCK FÜR 6 PERSONEN

2 vollreife Pfirsiche
250 g Ricotta
12 Scheiben Pata negra (iberischer Rohschinken)
schwarzer Pfeffer aus der Mühle

1. Die Pfirsiche entsteinen und in je 6 Spalten schneiden.
2. Die Höhlung des Kerns mit etwas Ricotta füllen.
3. Die Pfirsichspalten mit Schinken umwickeln und mit Pfeffer würzen. Fertig!

Zitronengras-Martini

FÜR 2 GLÄSER

2 Stängel Zitronengras
10 cl Rhabarbersaftkonzentrat
10 cl kaltes Wasser
10 cl Gin
Eiswürfel

1. Das Zitronengras zerquetschen und in grobe Stücke schneiden.
2. Alle Zutaten in einen Cocktailshaker geben, gut schütteln und in Martinigläser abseihen.

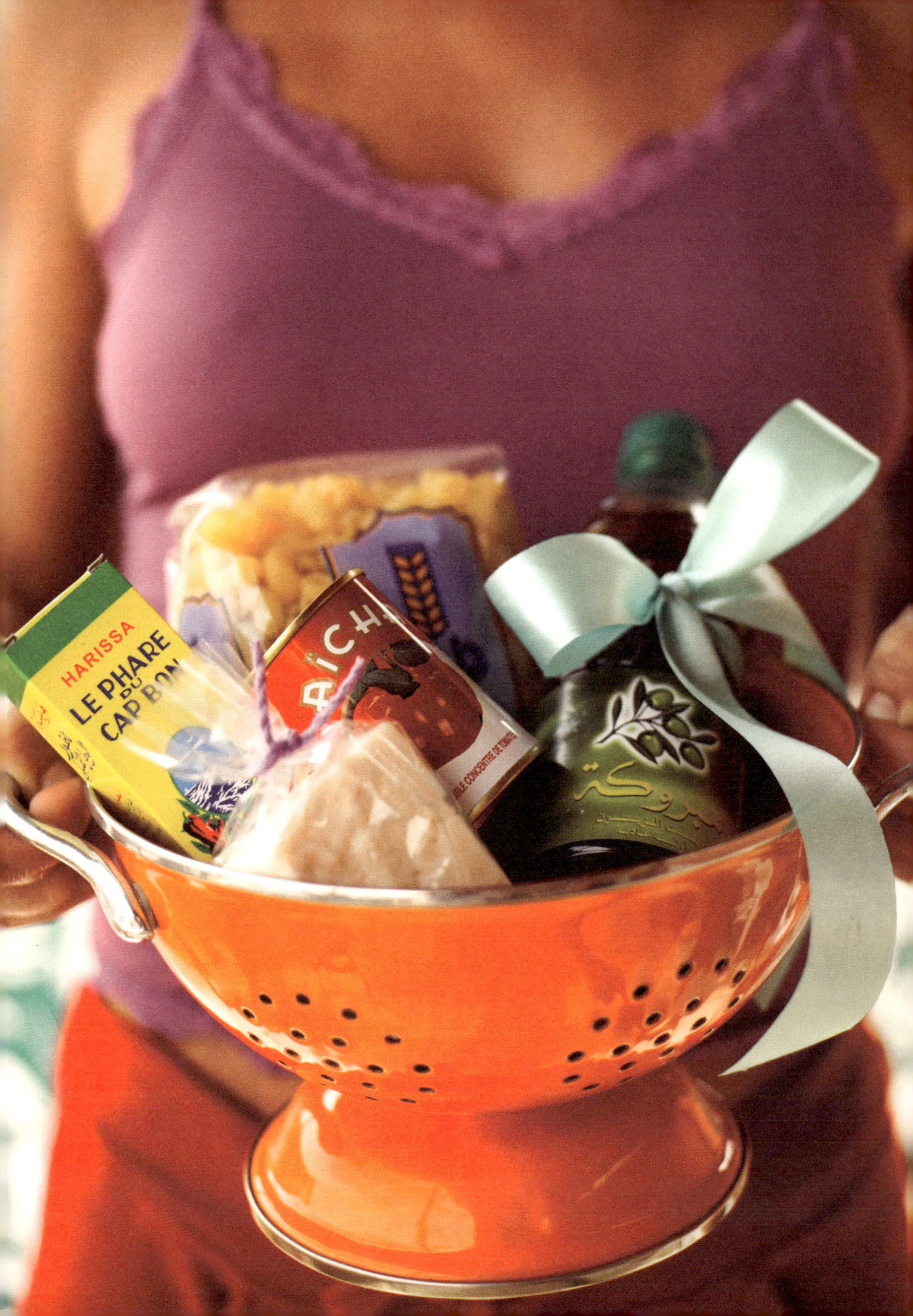
HARISSA
LE PHARE DU CAP BON

8: Essbare Geschenke

Wenn ich irgendwo eingeladen bin, bringe ich den Gastgebern immer eine nette Kleinigkeit mit – man will ja auf keinen Fall mit leeren Händen dastehen! Eine tolle Idee sind essbare Geschenke, mit denen ich schon viele meiner Freunde glücklich gemacht habe. Es macht einfach Spaß, sich wirklich Gedanken zu machen und etwas Persönliches zu schenken. Wenn man Glück hat, wird das Geschenk sofort aufgemacht und man kann mitschlemmen.

Der kleine Tee-Baukasten

Man nehme eine Plastikschale mit kleinen Teegläsern, Jasmintee, Honig und einer frischen Zitrone – und fertig ist der »Tee-Baukasten«. Als Gastgeschenk passt er zu fast jeder Gelegenheit. Ich kaufe dafür meist Biohonig bei einem Imker in der Nähe. Der ist superlecker und wird als persönliches Präsent stets hoch geschätzt. Besonders ein englischer Freund von mir, der Tee in rauen Mengen trinkt, liebt ihn über alles.

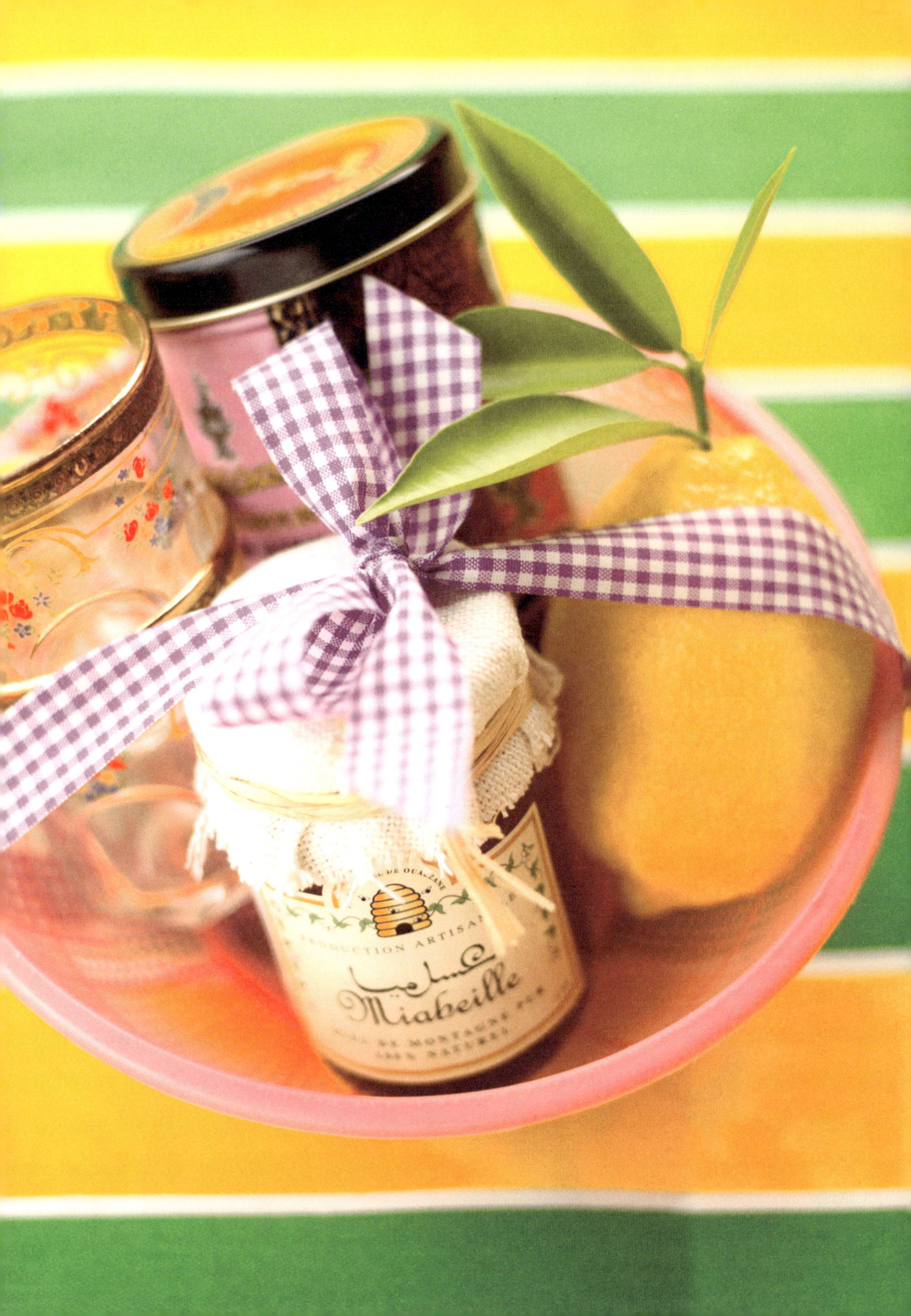
Miabeille

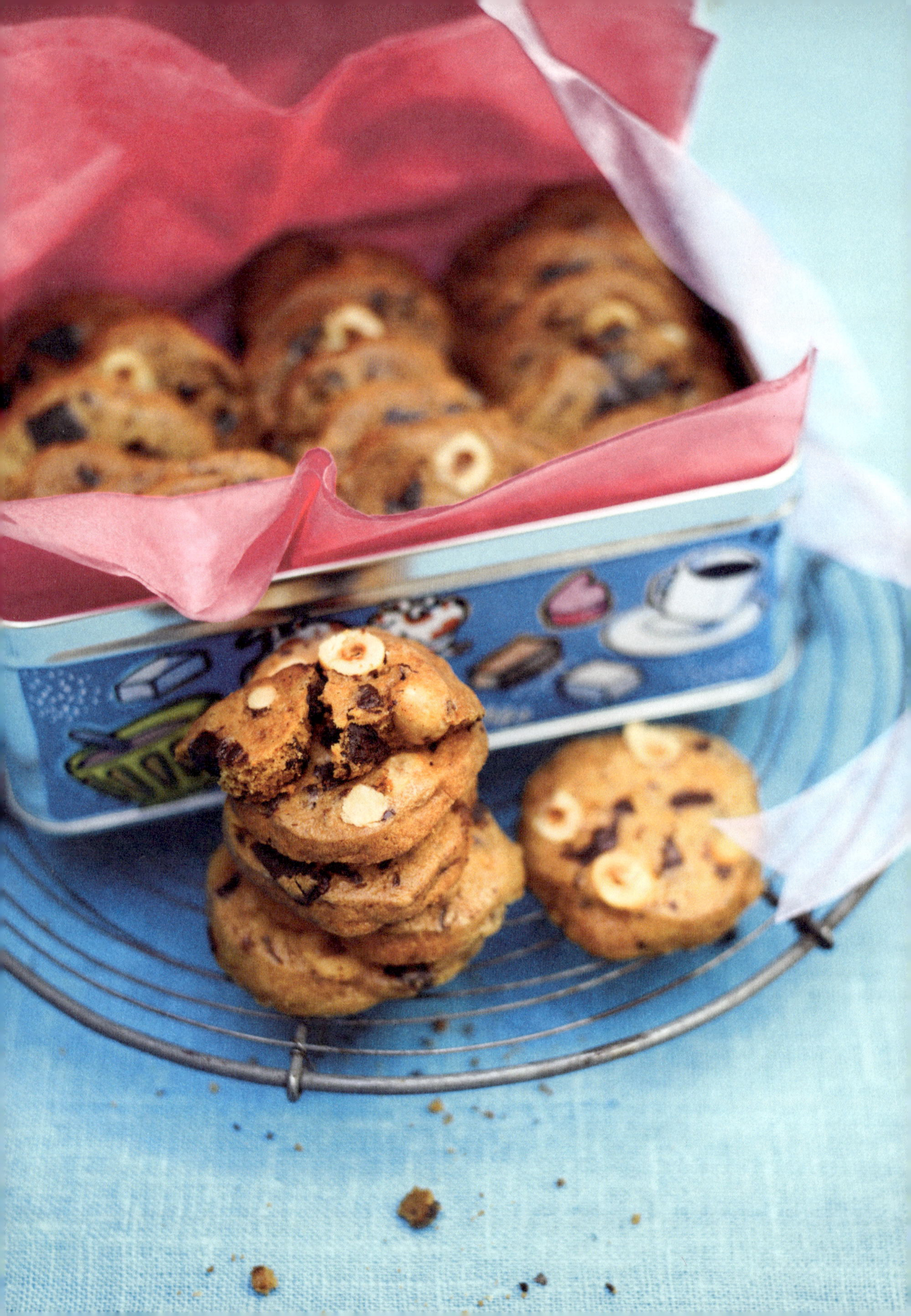

Chocolate-Chip-Cookies mit Haselnüssen

ERGIBT 20 STÜCK

100 g Haselnüsse
150 g weiche Butter
160 g Farinzucker
1 TL Ingwerpulver
abgeriebene Schale von 1 Orange
1 Ei
180 g Weizenmehl
1 TL Vanillezucker
½ TL Backpulver
200 g Zartbitterschokolade (70 %)

1. Den Backofen auf 180 Grad vorheizen.
2. Die Haselnüsse etwa 10 Minuten auf einem Backblech rösten. Dann in ein Küchentuch geben und die braune Haut mit dem Tuch abreiben.
3. Butter, Zucker, Ingwerpulver und Orangenschale cremig rühren. Dann das Ei darunterrühren.
4. Mehl, Vanillezucker und Backpulver mischen und behutsam unter den Teig heben.
5. Die Schokolade grob hacken und zusammen mit den unzerkleinerten Haselnüssen daruntermischen.
6. Den Teig auf ein Stück Frischhaltefolie geben, zu einer Wurst rollen und die Folie an den Enden verzwirbeln.
7. Die Teigrolle etwa 30 Minuten anfrieren lassen, dann in 1 cm dicke Scheiben schneiden.
8. Die Kekse auf ein mit Backpapier ausgelegtes Backblech legen und etwa 10 Minuten im vorgeheizten Ofen backen.

Leilas Tipp: Ich habe immer eine solche Rolle Keksteig im Tiefkühlfach, die ich bei unerwartetem Besuch ruck, zuck antauen, in Scheiben schneiden und backen kann. Natürlich kann man den Cookie-Teig auch nach Lust und Laune variieren. Wie wäre es beispielsweise einmal mit weißer Schokolade, Erdnüssen, Rosinen oder Pekannüssen? Sie können auch ein Drittel des Mehls durch Haferflocken oder Kokosraspel ersetzen.

Wundervolle Schokokadengeschenke

Für einen Schokoholic wie mich ist ein »Heiße-Schokolade-Baukasten« das Traumgeschenk schlechthin. Für meinen kleinen »Baukasten« mische ich immer einen Teil dunklen Muskovadozucker mit einem Teil hochwertigem, ungesüßtem Kakaopulver und fülle es in einen kleinen Zellophanbeutel. In einen zweiten Zellophanbeutel packe ich Mini-Marshmallows und binde noch je ein paar Stangen Zimt und Vanille mit Schleifenband zusammen. Fertig!

Amarone ist ein ganz wunderbarer Wein. Zusammen mit hochwertiger dunkler Schokolade ergibt sich eine Geschmackskombination sondergleichen. Binden Sie also für den Gastgeber ein wenig Schokolade und ein hübsches Blümchen an die Flasche. Wer würde sich über ein solches Geschenk nicht freuen?

AMARONE
DELLA VALPOLICELLA CLASSICO
DENOMINAZIONE DI ORIGINE CONTROLLATA
TOMMASI

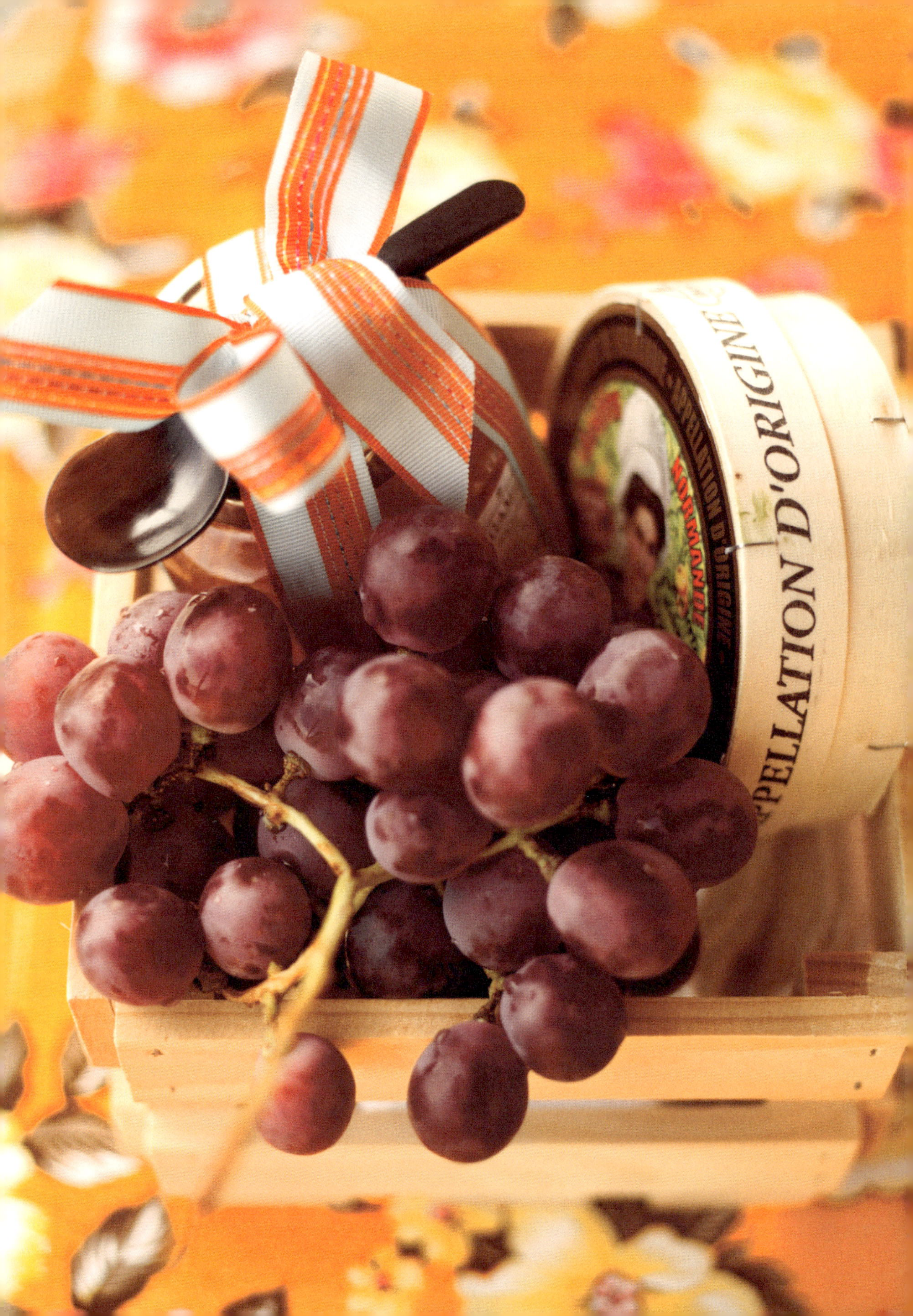
PPELLATION D'ORIGINE

Würzige Mitbringsel

Eine gute Idee ist es auch, zu einer Essenseinladung Käse, Marmelade und Weintrauben in einem hübschen Kistchen mitzubringen. Diese Köstlichkeiten kann man dann gleich zusammen mit den anderen in geselliger Runde genießen.

Oder wie wäre es mit einem selbst gemischten Würzsalz in einem hübschen Einmachgläschen? Es eignet sich zum Würzen von selbst gemachten Pommes frites, Kartoffelspalten sowie Fleisch und Fisch. Man zerstößt einfach ein paar Fenchelsamen und getrockneten Rosmarin in einem Mörser und mischt dies anschließend mit Meersalzflocken.

Mein hausgemachtes Müsli

FÜR 1 GROSSES GLAS

1 kg kernige Haferflocken
250 g Dinkel-Cornflakes
140 g zerstoßene Leinsamen
70 g Sonnenblumenkerne
120 g Sultaninen
120 g getrocknete Cranberrys
120 g getrocknete Aprikosen
120 g Walnüsse
70 g Haselnüsse
70 g Kürbiskerne

1. Aprikosen und Haselnüsse hacken.
2. Alles in einem großen Gefäß mischen.

Leilas Tipp: Wenn ich mein eigenes Müsli zusammenstelle, mische ich einfach das, was mir schmeckt oder gerade im Vorratsschrank steht, in einem großen Glasgefäß. Zucker gebe ich nie hinzu; ich ziehe die natürliche Süße getrockneter Früchte vor. Die Auswahl an verschiedensten Trockenfrüchten ist inzwischen riesig. Ich gehe am liebsten ins Reformhaus oder in einen Bioladen und kaufe die Zutaten dort ein. Auf leckere Nüsse und Samen stoße ich dort auch immer.

Min hemgjorda müsli

Köstliche Dressings

WUNDERBARE ZITRONEN-VINAIGRETTE

Saft von 1 Zitrone
3 EL Honig
Meersalz, schwarzer Pfeffer aus der Mühle
100 ml Sonnenblumenöl

1. Zitronensaft, Honig, Salz und Pfeffer glatt rühren.
2. Im Mixer oder mit dem Pürierstab das Olivenöl in feinem Strahl darunterrühren.

SENFDRESSING MIT ESTRAGON

2 EL Dijonsenf
1 EL Balsamicoessig
1 EL Honig
2 frische Estragonzweige, gehackt
Meersalz, schwarzer Pfeffer aus der Mühle
100 ml Olivenöl extravergine
1 EL kaltes Wasser

1. Alle Zutaten bis auf Öl und Wasser in einer Schüssel glatt rühren.
2. Das Öl unter ständigem Weiterquirlen in feinem Strahl darunterrühren, zuletzt das Wasser hinzufügen.

JOGHURTDRESSING MIT INGWER

200 g griechischer Joghurt
2 Stücke süß eingelegter Ingwer, fein gehackt
1 EL Honig
Saft von ½ Limette
schwarzer Pfeffer aus der Mühle

1. Joghurt, Ingwer und Honig glatt rühren.
2. Mit Limettensaft und Pfeffer abschmecken.

MEIN BESTES CAESAR-DRESSING

2 Eigelb
2 EL Rotweinessig
2 Knoblauchzehen, gerieben
Meersalz, schwarzer Pfeffer aus der Mühle
100 ml Olivenöl extravergine
100 ml Sonnenblumenöl
50 ml Milch
120 g Parmesan, fein gerieben
Saft von ½ Zitrone
ein paar Tropfen Tabasco

1. Die Eigelbe mit Essig, Knoblauch, Salz und Pfeffer glatt rühren.
2. Das Öl unter ständigem Weiterquirlen in feinem Strahl darunterrühren. Wenn das Dressing anzudicken beginnt, die Milch hinzugeben.
3. Parmesan, Zitronensaft und Tabasco darunterrühren.

ITALIENISCHES WALNUSSDRESSING

2 EL Balsamicoessig
1 EL Honig
Meersalz, schwarzer Pfeffer aus der Mühle
ein paar Tropfen Trüffelöl
100 ml Olivenöl extravergine
60 g Walnüsse, fein gehackt

1. Essig, Honig, Salz und Pfeffer glatt rühren.
2. Das Öl unter ständigem Weiterquirlen in feinem Strahl darunterrühren.
3. Die Walnüsse beifügen.

HP
SAUCE
HP
SAUCE
BEST BEFORE
END 2007
珠江橋牌
PEARL RIVER BRIDGE
SUPERIOR LIGHT
SOY SAUCE
SAUCE DE SOJA SUPÉRIEURE (CLAIRE)
生抽王
NET: 150ml
Maggi
MADE IN U.S.A.
McILHENNY CO.
AVERY ISLAND
LA.
TABASCO
BRAND
PEPPER SAUCE
NET MEASURE
60ml

Notproviant in Leilas Vorratsschrank

Thunfisch in Öl
Schwarze Bohnen
Dickflüssige Tomatensauce
Weiße Bohnen in der Dose
Dijonsenf
Harissa (scharfe Gewürzpaste)
Bullens Pilsnerkorv (schwedische Würstchen)
Geschälte Tomaten in der Dose
Erbsensuppe in der Dose
Kokosmilch
Gulaschsuppe in der Dose
Kalamata-Oliven
Mais in der Dose
Kichererbsen in der Dose
Cannellinibohnen in der Dose
Pfirsichhälften in der Dose
Oliven-Tapenade
Campbell's Tomatensuppe
Getrocknete Tomaten
Pesto
Grüne Thai-Currypaste
Auberginendip
Tahini (Sesampaste)
Eingelegter Ingwer

Die treuen Helfer in Leilas Küche

Pfeffermühle mit schwarzem Pfeffer
Ein dickes Holzschneidebrett
Ein Mörser aus Stein
Scharfe Koch- und Schälmesser
Ein Sägemesser
Meine tolle Parmesanreibe
Ein Ständer für verschiedene Küchenwerkzeuge
Sparschäler
Eine Küchenzange zum Grillen und Braten
Ein feinmaschiges Sieb
Gute Rührschüsseln in verschiedenen Größen
Messbecher und Küchenwaage
Ein kleines Sieb für Puderzucker
Dosenöffner
Austernmesser
Digitales Bratenthermometer
Grillpfanne aus Gusseisen
Beschichtete Pfannen
Dickbödige Töpfe in verschiedenen Größen
Auflaufformen
Eine große Servierplatte
Eine Tortenplatte mit Fuß und Glasdeckel
Hübsche Schalen in unterschiedlichen Farben
Pürierstab
Elektrisches Handrührgerät
Kuchenformen
Springformen
Espressomaschine mit Mahlwerk
Abtropfsieb
Kuchengitter
Küchenmaschine
Mixer
Cocktailshaker

Eigene Rezepte und Notizen

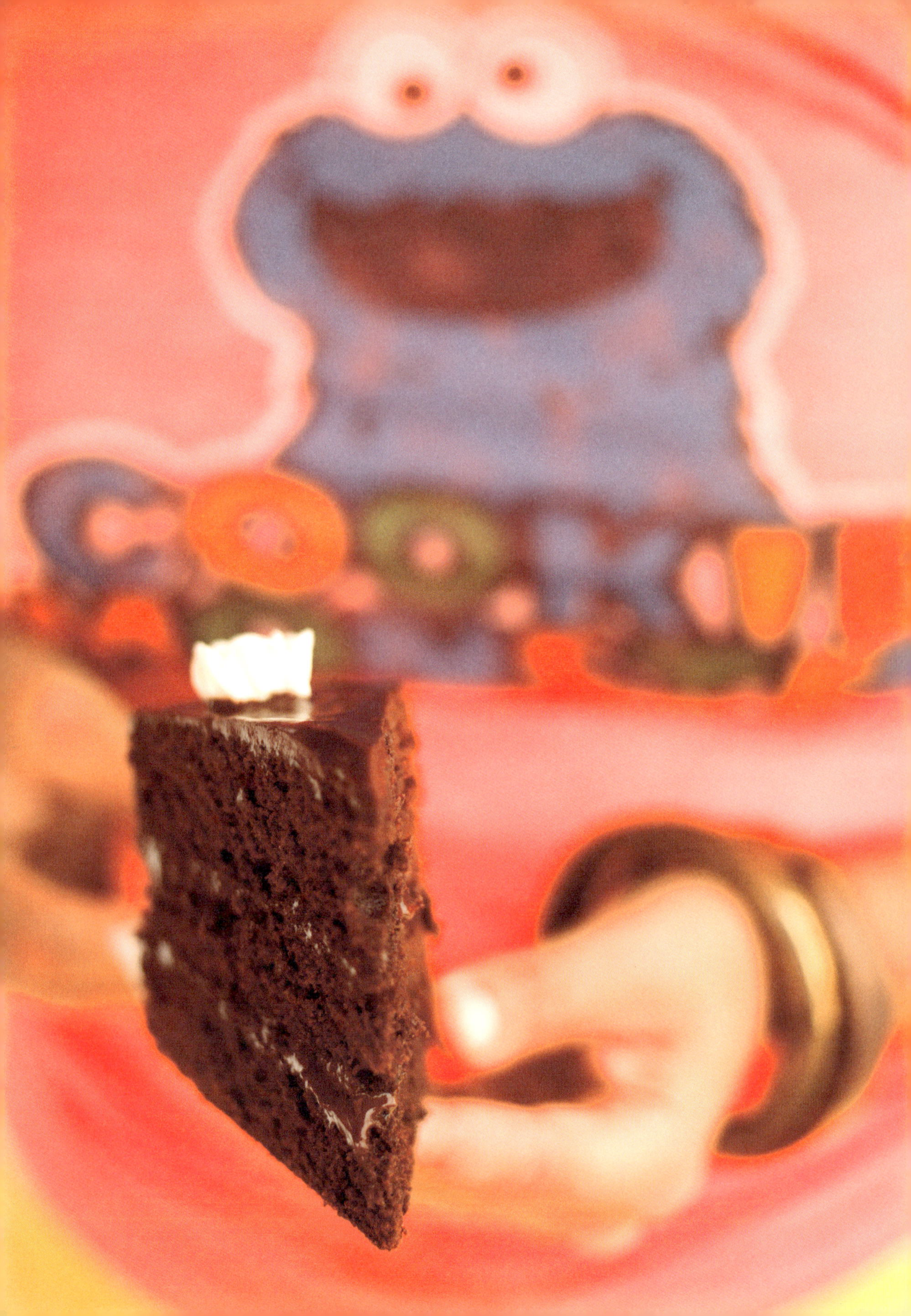

Ein Dankeschön und ganz viel Liebe

Einen ganz lieben Dank an den beeindruckendsten Food- und Lifestyle-Fotografen auf diesem Planeten – *David Loftus*. Es war mir eine große Ehre, mit dir zusammenzuarbeiten. Du bist einfach die »Crème de la Crème«! Danke für deine zauberhaften Fotos und deine unkomplizierte Art.

Außerdem danke ich *Rosie Scott*, Davids Assistentin und Produzentin, die jederzeit »Frau« der Lage war. Danke euch beiden für eure Unterstützung und all die inspirierenden Ideen beim Fotoshooting in Marrakesch. Nicht zu vergessen, all die lustigen Gespräche! Alles Liebe und tausend Küsse!

Danke an *Magnus Nygren*, alias Mr. Magoo, der selten eine morgendliche Yogaeinheit verpasste. Du hast einen ganz tollen Job gemacht, und ich bin sehr froh darüber, dass wir dieses Projekt gemeinsam auf die Beine gestellt haben. Es wurde eine spannende und lehrreiche Reise. Ohne dich hätten wir es vermutlich nur halb so schön gehabt. Beim nächsten Mal geht's nach Hongkong!

Ein riesiges Dankeschön an den unglaublich talentierten, wundervollen skilaufenden Grafikdesigner *Mikael Engblom*, der von den Engländern »the viking« getauft wurde. Ich fühle mich geehrt und bin sehr dankbar dafür, dass ich mit einem derart begabten und professionellen Menschen zusammenarbeiten durfte. Danke für all deine Geduld und dafür, dass du so angenehm im Umgang bist. Wirklich tausend Dank!

Danke an das hübsche, humorvolle, fantastische Fräulein *Sonia »lyxsoja« Chatti*. Du bist eine wunderbare Freundin. Ein riesiges Dankeschön für deine harte Arbeit, deine Unterstützung, unsere tollen Gespräche und deine klugen Worte. Dein Einsatz bei unseren Fotoaufnahmen in Marrakesch war einfach unglaublich! Ohne dich wäre bei den Fotos für dieses Buch vieles nicht so glatt gegangen. Ich mag dich sehr!

Ein warmes Dankeschön an meinen lieben Freund *Dr. Robert Fries*, der sich seit dem Tag, an dem wir uns kennen gelernt haben, unglaublich großzügig gezeigt hat. Das ganze Team ist froh über deine Unterstützung und dass du geholfen hast, die ultimativen Voraussetzungen für so tolle Fotoaufnahmen zu schaffen. Tausend Dank auch an *Khalid*, der bei den Fotoaufnahmen einen super Einsatz geleistet und uns vor Ort geholfen hat.

Danke an meinen Freund *Fredrik Dameron* für seine Unterstützung in der Küche während der Fotoaufnahmen. Ohne dich wäre alles nicht so rund gelaufen. Du bist einfach der Größte!

Mit ganz viel Liebe danke ich *Mama, Elin, Petronella* und meiner kleinen Schwester *Zingo*. Und natürlich meinen Großmüttern, die wahrscheinlich liebsten und großzügigsten Menschen von ganz Schweden. Ihr seid große Vorbilder für mich! Auch dem Rest der Familie danke ich, ihr seid mir eine große Stütze. Danke an *Mårten*, ich bin so froh, dass ich dich gefunden habe! Danke für all deine Hilfe bei diesem Buch, du bist wundervoll. Ich liebe dich über alles.

Danke an all meine wunderbaren Freunde, die im Laufe der letzten Jahre mein Essen gekostet haben, bei meiner Fernsehsendung dabeiwaren und sich auch als Fotomodelle zur Verfügung gestellt haben. Ein besonderer Dank gilt auch meiner Nachbarin *Marie*, die immer vorbeigekommen ist, um mein Essen zu probieren und dann ganz schonungslos und neutral zu bewerten.

Danke an meine fantastischen Freunde *Stephen Simmonds*, *Svante Godén*, *Francisco Ballesteros*, *Bert Menninga*, *Carlo Bosco*, *Angelica Wallgren*, *Line Olsson*, *Annika Munter*, *Elisabeth Gabirol*, *Lotta Gustavsson*, *Mari und Enzo Narciso*, *Botti Levin*, *Sverre Liliequist*, *Jerk Looman*, *Sofi Arnholm*, *Daniel Holmqvist*, *Erik und Jennie Rune*, *Carl-Johan Malmberg* – you are wonderful!

Danke an *Malin Fritzén*, die mir bei meinen ersten zwei Büchern geholfen hat. Und auch an die *Muffin-Mafia*, denn sie lockten mich eines Tages zum Kuchenbacken in die Küche. Und so nahm alles seinen Lauf ...

Ein tief ergebenes Dankeschön an alle, die mich im letzten Jahr bei meiner Arbeit und meiner Weiterentwicklung unterstützt haben. Vielen Dank an meine versierte Produzentin *Gunilla Leijning* für ihre gelassene, professionelle Art. Es war ein echtes Vergnügen, mit dir zusammenzuarbeiten. Ein großes Dankeschön an die Produktionsassistentin/Requisiteurin und das Mädchen für alles *Carina Nordholm*. Du bist wirklich ein Fels in der Brandung. Danke an den wunderbaren *Martin Thurfjell*, Schwedens talentiertesten, humorvollsten und sympathischsten Filmfotografen. Danke an *Marie Daun*. Deine Schminkkünste sind unvergleichlich, es macht einfach Spaß, mit dir zu arbeiten. Danke, *Maria Holtinger*, für das fantastische Lektorat. Tausend Dank an alle, die im letzten Jahr so professionell und hart mit mir zusammengearbeitet haben.

EIN BESONDERER DANK GILT

Mac Cosmetics für das geniale Make-up. *Day Birger et Mikkelsen* für ihre schöne, farbenfrohe Kleidung. Durch euch fühle ich mich wie eine Prinzessin. Danke *Safilo* und *Marc Jakobs* für die tollen Sonnenbrillen.

Danke, *Peter Modén*, dass du meine Website www.leila.se in Form hältst.

Vielen Dank an *Eva Swartz*, die Verlagschefin von Natur och Kultur, und alle ihre Mitarbeiter. Ein besonderer Dank gilt *Ulla Tammerman*, *Elisabeth Fock*, *Ulf Lidgren*, *Margaretha Zachrisson* und *Nina Wadensjö*.

Ich hoffe, ich habe an alle gedacht. Falls ich jemanden vergessen habe – hiermit vielen Dank!

In Liebe, eure Leila

Rezeptverzeichnis

Avocado mit Garnelen, gegrillt 105

Birnen 61, 102
Bohnen, provenzalische 56
Brotwaren
    Gegrilltes Bauernbrot 50
    Pizzateig 38
    Schokoladen-Scones mit Himbeeren 26
Brunchteller, bunter 15

Cashewkerne, feurige 68
Coleslaw 89

Desserts
    Bananen-Tarte-Tatin mit Vanilleeis 63
    Chocolate-Chip-Cookies mit Haselnüssen 139
    Das schnellste Dessert der Welt 115
    Devil's Food Chocolate Cake 94
    Erdbeeren mit Vanilleeis 114
    Frozen Cheesecake 93
    Ginger Fudge Sundae mit bunten Schokolinsen 97
    Ginger Gino 78
    Mousse au chocolat, kubanische 64
    Milchbrötchen-Bruschetta mit frischen Beeren 32
    Pinienkuchen mit Rosmarineis 45
    Semifreddo mit Schokolade und Haselnüssen 46
    Vanilleeis mit gerösteten Kokosraspeln 81
Dressings
    Joghurtdressing mit Ingwer 146
    Caesar-Dressing 146
    Senfdressing mit Estragon 146
    Walnussdressing 146
    Zitronen-Vinaigrette 146

Drinks
    Banana Colada 69
    Caipirinha 120
    Granatapfel-Martini 100
    Himbeer-Zimt-Mojito 124
    Mango-Bellini 20
    Margarita 84
    Prosecco-Aperitif 33
    Zitronengras-Martini 133

Eis
    Himbeersorbet 115
    Rosmarineis 45
    Vanilleeis 63, 81, 114

Fajitas, Texas 90
Feigen 61
Fleischbällchen, asiatische, in Brühe 77
Fleischgerichte
    Joghurthühnchen mit gegrilltem Steinobst 113
    Lammburger, marokkanische 106
    Lammwürstchen mit gegrillter Zucchini 109
    Rinderbraten mit provenzalischen Bohnen 56
    Sticky Spareribs 87
Früchte, gegrillte 61
Frühlingsrollen, vietnamesische 74

Gänseleber-Crostini 127
Garnelen 40, 71, 105
Getränke
    Heiße Schokolade mit Kardamom 28
    Mamas Irish Coffee 60
    Zitronengras-Eistee 16
Gnocchi all'arrabbiata mit Riesengarnelen 40

Harissa 104

Jakobsmuscheln mit brasilianischer Salsa 122
Joghurt, griechischer, mit Honig 17

Käse
    Käse mit gegrillten Früchten 61
    Mozzarella 15
    Ricotta-Pfannkuchen 29
    Ziegenkäse, paniert 18
Kartoffeln
    Omas Kartoffelgratin mit Pfifferlingen 55
    Pommes frites, hausgemachte 88

Lachs, Räucher- 15

Marinaden
    Koreanische Barbecue-Glasur 117
    Marokkanische Marinade 117
    Gremolata-Marinade 117
    Süße Chilimarinade 117
    Thailändische Kokosmarinade 117
Moules marinières mit gegrilltem Bauernbrot 50
Müsli, hausgemacht 144

Nudeln
    Asiatische Fleischbällchen in Brühe 77
    Nusspasta, toskanische 34

Pan con chocolate 129
Pfannkuchen 29
Pfirsiche mit Pata negra 132
Pizza, hausgemachte, mit Feigen 37
Pizzateig 38
Pommes frites, hausgemachte 88

Rinderbraten mit provenzalischen Bohnen 56
Rotweinsauce mit Chipotle-Chili 53

Sesamgarnelen mit süßem Chilidip 71
Salate
    Salat mit gegrillter Birne und Blauschimmelkäse 102
    Salat mit paniertem Ziegenkäse 18
    Gebratene Oliven mit Harissa und Zitrone 104
Schinken
    Parmaschinken 102
    Pata negra 132
    Rohschinken 15
Snacks
    Cashewkerne, feurige 68
    Gänseleber-Crostini 127
    Jakobsmuscheln mit brasilianischer Salsa 122
    Pan con chocolate 129
    Pfirsiche mit Pata negra 132
Spareribs 87

Tee, Zitronengras-Eis- 16
Thunfisch-Burger 23

Wurstwaren
    Lamm-Merguez 109
    Salami 15

Ziegenkäse, paniert 18
Zuckersirup 131